AF459047

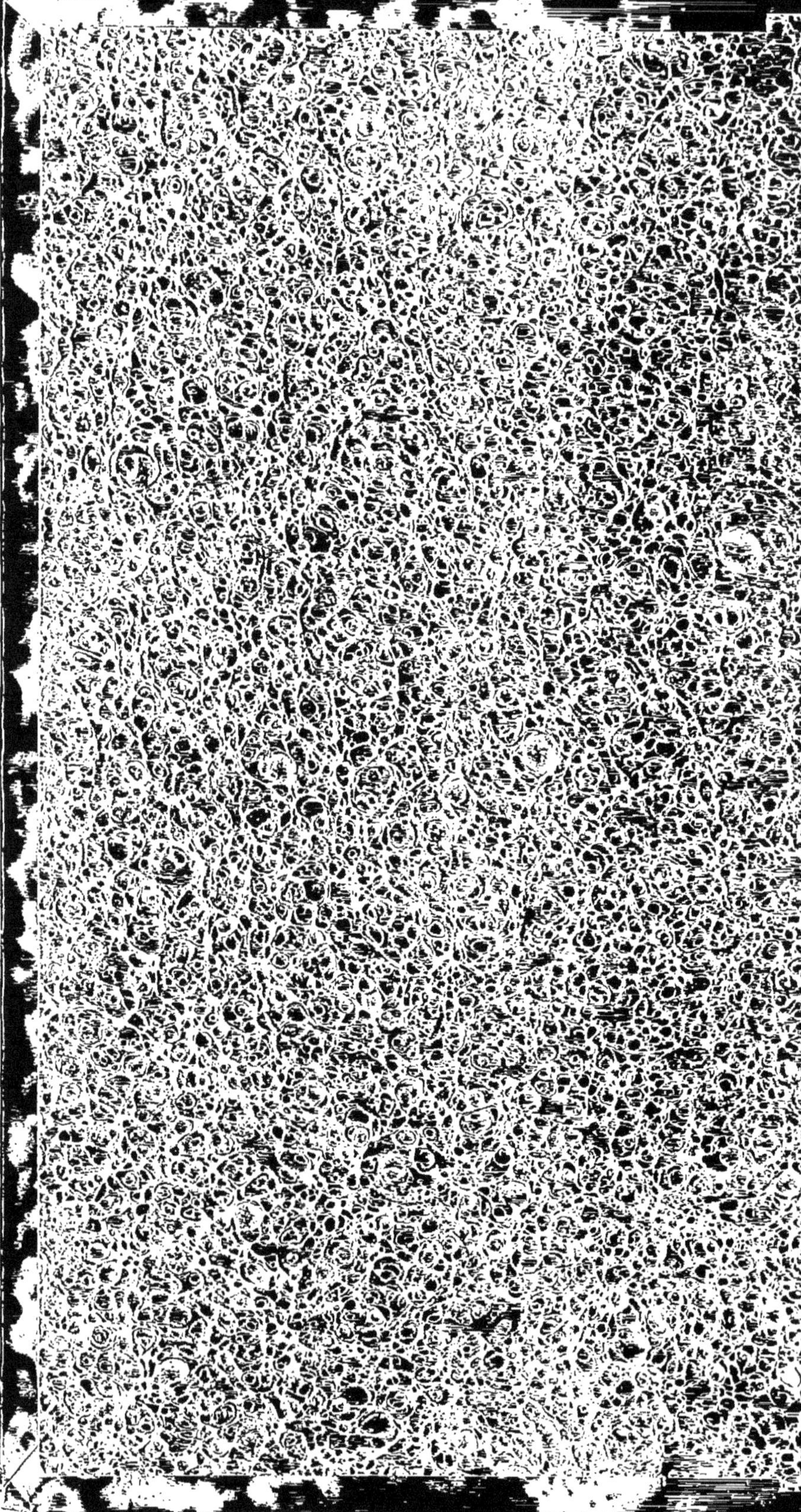

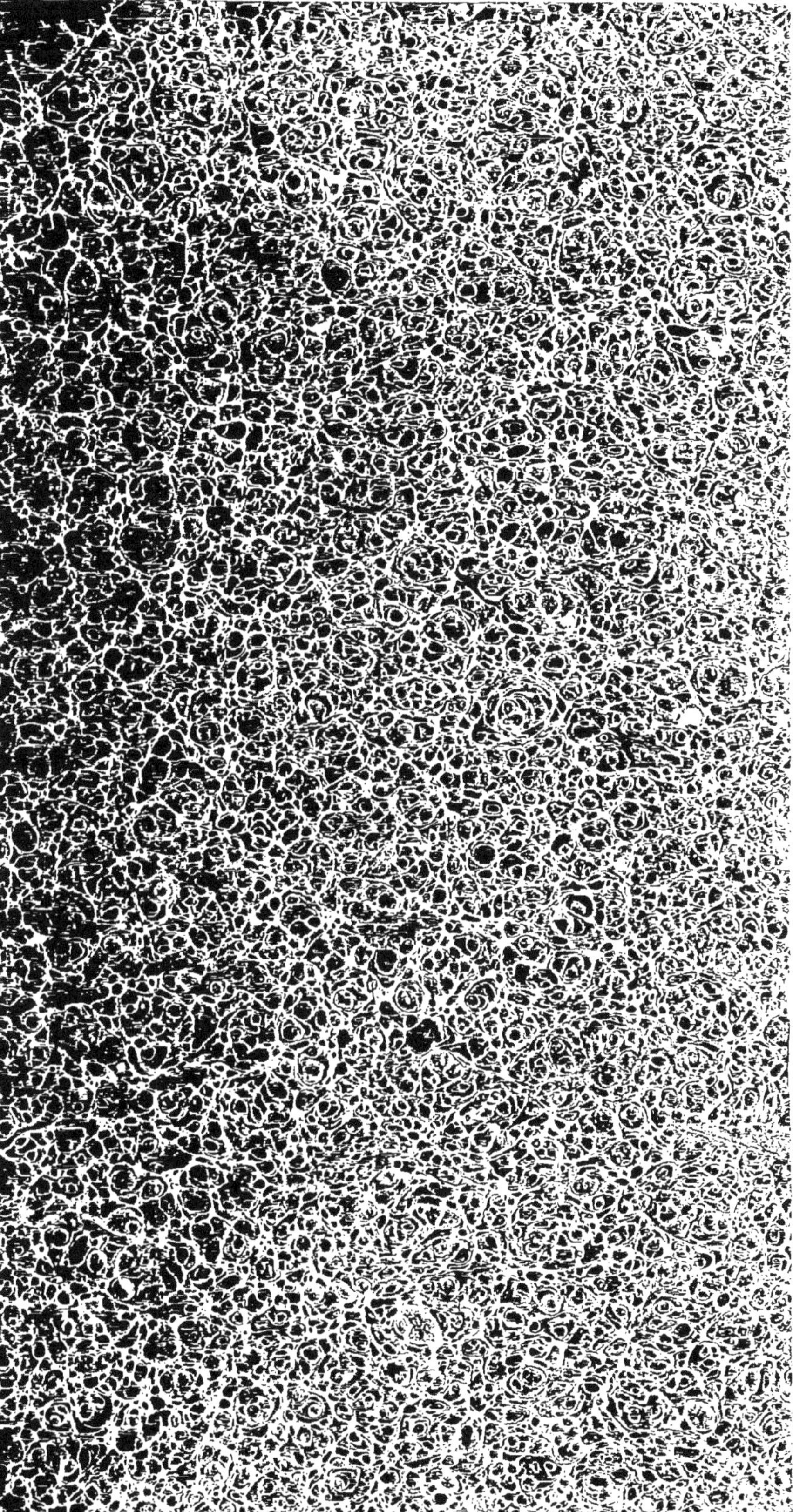

CAMPAGNE

DE MOSCOU,

CONTENANT des Récits extraordinaires sur les armées françaises;

PRÉCÉDÉE

DE L'HISTOIRE DE RUSSIE;

PAR ANT. CAILLOT,

Auteur de *la Guerre de Troyes*, du *Crévier de la Jeunesse*, des *Promenades hebdomadaires*, etc. etc.;

REVUE ET AUGMENTÉE

Par M. GASSIER, auteur de plusieurs ouvrages sur la Littérature, les Sciences et les Arts.

ORNÉE DE 20 GRAVURES EN TAILLE DOUCE.

A PARIS,

Chez ARNAUD, Libraire, place Saint-André-des-Arts, hôtel des Trois-Maures, n°. 13.

1817.

Les Exemplaires voulus par la Loi ayant été déposés, je déclare que je poursuivrai tout Contrefacteur ou Colporteur de cet Ouvrage.

Arnaud

IMPRIMERIE DE Mme. Ve. PERRONNEAU, quai des Augustins, n.° 39.

AVIS DE L'ÉDITEUR.

BUT ET PLAN DE CET OUVRAGE.

Les victoires de l'armée française contre les armées russes, et son entrée triomphante dans la ville de Moscou, sont des évènemens si importans, si extraordinaires, que, sans la malheureuse catastrophe qui en fut la suite, jamais, peut-être, la Nation française n'aurait acquis plus de gloire.

Combien ne doit-on pas maudire la folle ambition d'un homme, auteur de tant de désastres, qui, pour servir ses projets insensés, fit anéantir dans les déserts glacés de la Russie une des plus belles armées qui existât jamais ! Que pouvait le courage de tant de braves, qui trouvèrent la mort au sein de la victoire, lorsqu'ils avaient à combattre des ennemis moins redoutables pour eux que les élémens. Cette malheureuse et funeste campagne, malgré son triste résultat, n'en sera pas moins glorieuse pour la France, et prouvera aux générations futures qu'il ne fallait à nos guerriers qu'un autre chef pour les commander.

Je vais donc, avant de lui exposer les détails de cette mémorable campagne, mettre sous les yeux du lecteur les principales notions relatives à cette grande et puissante monarchie.

Un tel ouvrage serait sans utilité,

s'il n'était composé sur un plan régulier ; nous le diviserons donc de manière que tout ce que nous avons à dire sur la Russie ne présente aucune confusion, et réunisse l'agréable à l'utile.

Nous commençons par un Précis géographique de ce vaste empire, suivi de l'exposition de ses ressources, de ses productions, de sa population, de ses forces, du caractère de ses habitans, de son culte dominant, de son gouvernement, de ses lois et de sôn commerce.

De là nous passons aux premiers temps de son histoire, que nous parcourons rapidement jusqu'au règne de Pierre-le-Grand. Notre troisième division comprend tout l'espace de temps compris entre la mort de ce grand homme, et l'élévation de Catherine II à l'empire ; la quatrième s'étend depuis la mort de cette princesse jusques au commencement de la campagne des Français : enfin, la cinquième commence au passage du Niémen par la grande armée, et se termine au mois de décembre 1812, époque à laquelle l'armée venait de prendre ses quartiers d'hiver.

PRÉCIS
DE
L'HISTOIRE DE RUSSIE.

Précis Géographique et Statistique sur l'empire de Russie.

De tous les états de notre continent, et peut-être du monde entier, la Russie est celui qui a le plus d'étendue : il embrasse la plus grande partie de notre hémisphère, et sa circonférence a plus de trois mille lieues. Des frontières de la Suède jusque vers la mer Caspienne, c'est-à-dire, d'occident en orient, sa longueur est de près de seize cents lieues ; et du nord au midi il en occupe à peu près huit cents. A l'occident il a pour limites la Suède et la mer Baltique ; au nord, la Laponie et la mer Glaciale ; à l'orient, la Chine et la Tartarie, et au midi, la Turquie et la Perse.

On conçoit sans peine que, dans un pays

d'une si vaste étendue, le climat n'est pas partout le même, non plus que la fertilité du terroir. La partie la plus fertile de la Russie est celle qui est située au sud-ouest, et qui comprend les provinces démembrées de l'ancienne Pologne, telles que l'Ukraine, la Lithuanie, la Volhynie, la Podolie, la Samogitie, la Courlande, la Livonie, etc. Dans la plupart de ces provinces, dans l'Ukraine surtout, le blé produit souvent trente pour un. La partie septentrionale est non-seulement beaucoup plus froide, mais de plus très-marécageuse, et couverte d'immenses forêts, plus propres à être habitées par des bêtes sauvages que par des hommes; aussi la population en est-elle presque nulle, et les peuples y sont-ils misérables.

Outre les animaux domestiques, on trouve dans cet empire une grande quantité de bœufs sauvages, de rennes, de martres, de renards blancs et noirs, de zibelines, d'hermines, et d'autre animaux qui fournissent les plus belles fourrures qu'il y ait au monde. Ces fourrures forment une branche de commerce très-considérable dont la ville de Moscou était le vaste entrepôt, avant l'incendie qui vient d'en consumer la plus grande partie.

Plusieurs mers et fleuves considérables, indépendamment d'un grand nombre de canaux, favorisent la communication des provinces de la Russie entre elles, et contribuent beaucoup à l'activité de son commerce. A l'occident, la mer Baltique baigne les côtes de la Courlande, de la Livonie, de l'Estonie, de l'Ingrie et de la Finlande; au nord, la mer Blanche entre dans les terres du côté du couchant; la ville d'Archangel a un bon port sur cette mer. La mer Glaciale, en tirant vers l'orient, s'étend le long de la Laponie et de la vaste province de Sibérie; au midi, la mer Noire baigne les côtes de la Bessarabie, de la Crimée, de la petite Tartarie, du Kuban, et d'autres provinces conquises sur les Turcs; au levant, la mer Caspienne est le théâtre d'un grand commerce entre la Géorgie, la Circassie, l'Arménie et la Perse, et la source des richesses de la ville d'Astracan.

Les principaux fleuves sont: le Niéper,

ou Borysthène, qui coule entre la Lithuanie et la Pologue : il prend sa source au-dessus de Smolensko, et coulant du midi à l'orient, il va se décharger dans la mer Noire; le Volga, qui a sa source dans la même forêt que le Niéper, et qui, prenant son cours de l'ouest à l'est, va se jeter dans la mer Caspienne, dans le voisinage d'Astracan; le Don, ou Tenaïs des anciens, qui, prenant sa source dans la province de Rezan, après un grand nombre de détours, entre dans la petite Tartarie, et décharge ses eaux dans la mer d'Azof, qu'on nommait autrefois les *Palus Méotides*; la Dwina, qui, coulant vers le nord-ouest, entre par deux embouchures dans la mer Blanche, près de la ville d'Archangel; l'Obi, qui coule vers le nord, et tombe dans la mer Glaciale, vers l'endroit où plusieurs anciens géographes ont fixé les limites de l'Europe et de l'Asie; la Néva, qui sort du lac Ladoga, et se jette dans le golfe de Finlande, et à l'embouchure de laquelle Pierre-le-Grand a bâti la ville de Saint-Pétersbourg; la Dwina, fleuve de Pologne, qui se décharge dans la mer Baltique, après avoir coulé de l'orient à l'occident, et sur les bords de laquelle est située l'importante ville de Riga; enfin, le Niémen, autre fleuve de Pologne, qui traverse la Lithuanie, où il prend sa source, d'orient en occident, et se jette dans la Baltique.

Toutes ces rivières sont très-poissonneuses, et contribuent beaucoup à la fertilité de la Russie; mais elles entraînent de grands inconvéniens par leurs débordemens, qui produisent et entretiennent de vastes et nombreux marais sur la surface de cet empire. A toutes ces eaux, il faut ajouter celles des lacs Ladoga, Onéga et Peypus, qui ressemblent à de petites mers.

Pour être un des plus grands empires de la terre, la Russie n'en est pas plus peuplée; car toute sa population, d'après les calculs les plus récens, ne s'élève guère au-dessus de quarante millions d'habitans. Cela vient de ce que ses provinces septentrionales n'offrent en grande partie que des lacs, des marais, des forêts et des déserts, et que le froid rigoureux qui s'y fait sentir pendant plus de neuf mois de l'année s'oppose à la propagation de l'espèce humaine, et à l'industrie de leurs habitans.

En général, les Russes sont robustes, d'une bonne complexion, et d'une taille assez avantageuse. Ils mangent beaucoup, et après le repas, ils ont coutume de boire un verre d'eau-de-vie, et de dormir pendant quelques heures. On remarque parmi eux un mélange singulier de barbarie et de politesse. En général, le peuple y est plus civilisé aujourd'hui qu'il ne l'était il y a cent ans ; mais beaucoup moins que les habitans des provinces polonaises ou maritimes. Quant à la noblesse, elle offre deux différences bien remarquables : les nobles qui vivent à Pétersbourg, et fréquentent la cour, sont beaucoup plus instruits et plus polis que ceux qui vivent dans les provinces. Ceux-ci ont retenu un grand nombre de leurs anciens usages, et leur caractère a une rudesse sauvage qui présente un grand contraste avec la civilisation des courtisans.

Les forces de l'empire russe sont considérables, et ses armées, y compris les troupes irrégulières, peuvent être portées à plus de cinq cent mille hommes. L'infanterie russe est brave et intrépide sur le champ de bataille, ce qui honore beaucoup les troupes françaises qui les ont vaincues. La cavalerie régulière consiste en régimens de cuirassiers, de dragons et de houlans. Il en est une autre toute composée de Cosaques, de Tartares, de Calmouks et de Baskirs, peuples qui habitent les provinces arrosées par le Don, le Volga, et situées au nord et à l'orient de la mer Noire. Partout où se porte cette cavalerie, elle sème l'incendie, le ravage et la désolation: mais quelque nombreuse qu'elle soit, elle ne saurait tenir contre des corps disciplinés bien inférieurs en nombre. L'armée russe avait acquis une grande renommée; les victoires des Français ont dissipé ce prestige militaire produit par les défaites des Turcs.

Les Russes professent le christianisme, à l'exception de quelques peuples barbares, qui sont ou idolâtres, ou mahométans. Leur conversion à la religion chrétienne date de la fin du neuvième siècle, temps où l'empereur grec, Basile, et le patriarche de Constantinople, Ignace, leur firent annoncer l'évangile par un archevêque qu'ils leur envoyèrent; mais ce ne fut que dans le siècle suivant que leur conversion fut générale, lorsque leur chef, Volodimir, à la persuasion de sa femme, sœur des empereurs Constantin et Basile, se fit chrétien lui-même. Comme le patriarche de Constantinople était schismatique, et qu'ils dépendaient de son autorité sprituelle, ils ont embrassé les erreurs qui le séparaient de l'église romaine.

Le baptême des enfans est en usage chez eux comme chez les catholiques et les protestans, avec cette différence qu'ils ne baptisent pas par aspersion, mais par immersion, en plongeant l'enfant dans l'eau jusques à la tête.

Une de leurs principales erreurs consiste à nier que le Saint-Esprit procède du Père et du Fils; ils ne reconnaissent pas non plus la suprématie du pape. Avant Pierre-le-Grand, ils avaient un patriarche à Moscou, lequel était chef de toute l'église grecque en Russie. En 1702 Pierre-le-Grand supprima cette dignité qui lui faisait ombrage, et la remplaça par un synode d'archevêques et d'évêques, dont il se nomma le chef. Ce synode fut établi à Saint-Pétersbourg; il subsiste encore, et a pour vice-président l'archevêque de Novogorod.

Les églises de Russie sont ornées des images d'un grand nombre de saints. Après la Vierge Marie, Saint Nicolas est celui qu'ils honorent et invoquent avec le plus de confiance, et ce culte est porté jusques à la superstition, surtout parmi les gens de mer et les habitans des campagnes.

Le jour de l'Epiphanie, ou fête des Rois, se célèbre avec beaucoup de solennité: alors les évêques ont coutume de bénir les fleuves et les eaux où le peuple se baigne.

Les cérémonies des mariages sont fort singulières. Dans la première entrevue qu'une épouse a avec son futur époux, elle paraît déguisée et voilée, et aussitôt qu'elle a prononcé le *oui* décisif, son père lui donne quelques coups de fouet; en lui disant: « Voici, ma fille, le dernier coup que je te donne: jusques ici tu as vécu sous ma discipline; si tu n'obéis pas à ton mari, ce sera à lui de te châtier à ma place. » Nous pensons bien que cette cérémonie un peu barbare ne s'observe point dans les familles qui ont adopté la galanterie des peuples polis de l'Europe.

Les simples prêtres se nomment *popes*; ils étaient fort nombreux à Moscou. Ils se marient, et leur instruction ne s'étend guère au-delà de ce qu'ils doivent savoir de théologie pour instruire le peuple.

Il y a loin de l'éloquence de l'archevêque de Moscou, surnommé *la Bouche d'or*, et de ses exhortations, aux homélies de Saint Jean Chrysostôme.

L'office divin se célèbre en langue slavone ou illyrienne, l'ancienne langue de l'empire. Celle qui y est aujourd'hui en usage, n'en est qu'un idiôme. Les caractères en sont presque semblables à ceux de la langue grecque.

Pour être considéré comme un savant, en Russie, il y a environ cent ans, il suffisait de savoir lire, écrire, et un peu calculer. Cette ignorance était entretenue par le clergé, qui craignait qu'un peu plus de science ne conduisît à l'hérésie celui qui en serait pourvu. Ce ne fut qu'au commencement du dix-huitième siècle que le czar Pierre-le-Grand ouvrit son empire aux sciences et aux arts qui florissaient dans le reste de l'Europe, en y appelant un grand nombre de savans des pays étrangers. Il ne négligea rien pour que la jeunesse fût instruite dans les mathématiques et dans toutes les sciences propres à la rendre utile dans les tribunaux, dans les armées, et sur les flottes. Ce que ce grand homme fit pour tirer ses sujets de la barbarie, fut continué par ses successeurs : Catherine II, sur-tout, par ses liaisons avec les savans français, fit naître dans les familles les plus distinguées de l'empire une émulation qui ne tarda pas à rendre l'Académie des sciences de Pétersbourg la rivale des sociétés savantes les plus célèbres de l'Europe.

Les anciens czars de Moscovie, même jusques à Pierre-le-Grand, exerçaient sur leurs sujets un pouvoir absolu et despotique. Aujourd'hui la puissance de l'empereur est limitée par un sénat ; et son gouvernement, grâce aux idées philosophiques qui montèrent sur le trône avec Catherine II, son aïeule, se maintient à peu près dans les bornes que les autres monarques de l'Europe se sont prescrites. Ce gouvernement, quoique mitigé, est pourtant encore bien imparfait, et l'on ne peut que déplorer le sort des payans russes qui, lorsque tous les autres cultivateurs du continent européen jouissent de la liberté politique, gémissent seuls sous l'esclavage des grands et des seigneurs, n'ayant rien en propre, et ne pouvant prétendre à l'exercice d'aucun des droits que l'homme a reçus de la nature. On sait que dans ce pays l'importance d'une terre ne s'estime pas par le nombre des roubles qu'elle rapporte, mais par celui des paysans ou serfs qu'elle contient, parce qu'ils sont ous la propriété du maître.

Anciennement les souverains de la Russie ne portaient que le titre de *princes ;* ensuite ils prirent celui de *grands-ducs ;* quelques tems après ils se firent appeler *czars*, mot slavon, qui signifie roi ; enfin Pierre Ier., à qui les grandes choses qu'il a faites ont fait donner le surnom de *Grand*, prit en 1721 le titre d'*empereur*.

Les seigneurs russes se nommaient autrefois *knès ;* les *boyars* étaient les grands officiers de la cour, et l'on appelait *strélitz* les troupes qui composaient la garde du souverain. Cette troupe séditieuse à l'excès a été supprimée par Pierre-le-Grand, qui, dans un seul jour, en fit mourir en sa présence six mille dans les supplices : elle est remplacée par trois régimens, formant ensemble dix mille hommes ; il faut y ajouter des gardes à cheval, au nombre de mille et une compagnie de grenadiers de trois cent soixante hommes, qui tous sont nobles et ont le rang de lieutenans. Cette garde est pour le temps de paix ; car pendant la guerre, elle s'élève beaucoup plus haut, sans être meilleure que les autre corps de l'armée russe.

Il existe en Russie plusieurs ordres de chevalerie : le premier est celui de Saint-André, établi en 1698, par Pierre-le-Grand: c'est une double aigle d'or émaillée de noir, dont les becs et les serres sont d'or, et les ailes déployées. Chaque tête est surmontée d'une couronne impériale. Au-dessus de cette aigle est une croix d'or, émaillée d'azur, sur laquelle Saint-André est cloué. Le tout est surmonté d'une grande couronne impériale, au-dessus de laquelle on lit cette devise en langue russe, *Pour la fidélité et la foi.* Les chevaliers portent cet ordre attaché à un large ruban bleu de ciel, ondé ou moiré.

L'ordre de Sainte-Catherine fut fondé pour les dames en 1714, en l'honneur de l'impératrice, épouse de Pierre-le-Grand, et en mémoire de la paix conclue en 1711 avec les Turcs, près le fleuve du Pruth. Il représente sur un écu d'or rond, une croix blanche, derrière laquelle est représentée sainte Catherine assise. Les dames portent cet ordre enrichi de diamans, suspendu à un ruban étroit, couleur ponceau et bordé d'argent.

L'ordre de Saint-Alexandre Newski fut fondé en 1725. C'est une croix d'or à huit branches, au centre de laquelle on voit la représentation de ce vaillant grand-duc, qui vivait vers le milieu du treizième siècle, et qui vainquit les Suédois, près de la Néva. Il y a encore deux ordres, mais moins illustres, ceux de Saint-Georges et de Saint-Volodimir.

Description des principales villes de Russie.

Nous ne terminerons pas cette notice sur la géographie et la statistique de l'empire de Russie, sans donner la description de ses principales villes, de celles sur-tout qui, pendant la guerre mémorable qu'il eut à soutenir contre les Français, attirèrent, par leur importance, les regards de l'Europe et de l'Asie. Il est nécessaire de parler à nos lecteurs de la ville de

Moscou, pour leur montrer la perte énorme que les Russes ont faite en y mettant le feu. Comme celle de Saint-Pétersbourg est la capitale de l'empire depuis Pierre-le-Grand, il est indispensable d'en faire une description satisfaisante, ainsi que de celle de Casan, quoique moins en détail, que des deux précedentes. Archangel, ville et port sur la mer Blanche, réclame aussi une place dans ce Précis.

Moscou, une des plus grandes villes de l'Europe, l'ancienne capitale de la Moscovie, et la résidence des anciens czars, était située sur une rivière nommée la Moskoua, qui lui a donné son nom. Elle avait environ huit lieues de circuit, et plus de deux cent mille habitans. Elle était divisée en cinq quartiers, séparés les uns des autres par des murailles et des fossés profonds, que la Moskoua et la Néglina remplissaient de leurs eaux. On y voyait un grand nombre d'édifices publics, de palais, d'hôtels, près de denx mille églises, et l'on y comptait plus dix mille maisons, la plupart en bois. Les rues en étaient longues et larges; un grand nombre n'étaient point pavées, et quelques-unes étaient couvertes de troncs d'arbres ou de planches. Comme le nombre des édifices et des rues ne suffisait pas pour remplir la circonférence de cette ville, elle renfermait de grands jardins, des parcs très-vastes, remplis de bêtes fauves, et même des terres cultivées ; ce qui lui donnait un aspect vraiment pittoresque et champêtre.

Dans le premier quartier, qui se nomme *Zaargorod*, ou la ville du milieu, était situé l'ancien palais des czars, connu sous le nom de *Kremlin*. C'était une espèce de forteresse triangulaire, entourée de hautes murailles et de tours de pierres et de briques, ainsi que d'un fossé profond. Ce vaste emplacement renfermait, entre le palais des czars, celui des anciens patriarches, l'hôtel de ville, l'arsenal et six églises. Dans celle de l'Annonciation de la Vierge, qui était la cathédrale, existait un superbe caveau où l'on voyait les tombeaux des czars. Elle était surmontée de neuf tours, et couverte de cuivre doré. Toutes les portes en étaient aussi ornées de plaques du même métal ; ce qui produisait un très-bel effet, lorsque le soleil y dardait ses rayons. Au milieu, on voyait suspendu un magnifique lustre en forme de couronne, composé de quarante-huit branches ou chandeliers, et qui pesait environ six mille marcs. A l'entrée du sanctuaire était une image de la Vierge, extrêmement noire, que les Russes disaient avoir été peinte par Saint Luc, et dont le contour était garni de perles fines. On pense bien que le gouverneur Raptoschin, en ordonnant l'incendie de Moscou, n'a pas livré ces trésors aux flammes. Près du château, à droite, était la magnifique église de la Trinité, qui renfermait vingt autres églises ou grandes chapelles. On rapporte que le czar Jean Basilides, son fondateur, fit crever les yeux à l'architecte, pour le mettre dans l'impossibilité d'en construire une seconde. C'est dans l'égise de l'Ascension que les impératrices et les princesses étaient inhumées, et que les empereurs se faisaient couronner.

Nous ne devons pas oublier la fameuse

cloche que fit fondre l'impératrice Anne, qui avait succédé à Catherine Ire., épouse de Pierre-le-Grand. Elle pesait 432,000 livres ; elle avait dix-neuf pieds de haut, sa circonférence, en bas, était de trente-six pieds, et sa plus grande épaisseur de près de vingt-quatre pouces. La poutre à laquelle elle était attachée ayant été brûlée, elle tomba, et il s'en cassa, vers la partie inférieure, un morceau, qui a laissé une ouverture assez large pour que deux hommes puissent y entrer de front. Cette cloche resta enfoncée en terre au pied de la tour d'Iwan, la plus haute de la ville, située dans le Kremlin.

Le second quartier de Moscou se nommait *Kitaigorod*. C'était celui du commerce. Il formait une espèce de demi-lune autour de la ville du milieu, et était environné d'un mur de pierres et de briques, avec de hautes tours rondes et carrées. Il communique avec le Zaargorod par un superbe pont construit sur la Moskoua. Il renfermait, outre plusieurs églises et couvens, l'hôtel des monnaies, la grande école militaire, l'imprimerie, l'apothicairerie impériale, où toutes les drogues étaient renfermées dans de superbes vases de porcelaine et de cristal, ornés des armes de l'empereur; la douane et plus de six mille boutiques. C'était une foire perpétuelle, où se vendaient toutes les marchandises de l'Europe et de l'Asie.

Le nom du troisième quartier était *Belgorod* ou *ville Blanche*; il lui fut donné à cause des murs de pierres blanches dont il était autrefois environné: il formait aussi un demi-cercle autour des deux premiers. C'est là que passe la rivière de Néglina, qui se jette dans la Moskoua. Les nobles et les familles les plus distinguées par leurs richesses y avaient leurs palais et leurs hôtels. Il y avait aussi un haras et une fonderie de canons.

Le quatrième quartier, nommé *Semlœnoïgorod*, enfermé d'un rempart de terre, formait aussi une demi-lune autour des trois autres. Il y avait deux portes de pierres, sur l'une desquelles on avait construit un collége de mathématiques et un observatoire: il était habité autrefois par les strélitz. Toutes les maisons en étaient de bois ; aussi les personnes de la moyenne et de la basse condition en formaient-elles presque toute la population : on y comptait cent soixante é g.

Outre ces quatre quartiers, il en était un cinquième nommé *Masemska-Slaboda*. Il les renfermait, pour ainsi dire, dans une vaste enceinte : il était enfermé lui-même par un rempart peu élevé et un fossé. Il contenait des prairies, des jardins, et quelques petits lacs où le ruisseau de la Néglina prend sa source. On y trouvait un bon nombre de belles maisons et de riches habitans.

Après ces cinq quartiers, on pouvait compter trente-deux faubourgs, plus ou moins peuplés. Le plus considérable était celui *des Etrangers*, ou *des Allemands*.

La ville de Moscou offrait, pour ainsi dire, deux populations ; l'une habitait des palais et de beaux hôtels, suivait les modes françaises, fréquentait les spectacles, vivait dans les plaisirs et l'oisiveté ;

et l'autre logeait dans des cabanes comme les Sauvages, et menait une vie laborieuse et misérable. C'était bien là que l'extrême pauvreté était voisine de l'excessive opulence. Par une de ces calamités inséparables de la guerre, les cendres des palais s'y trouvèrent confondues avec celles des cabanes, et offrirent le spectacle d'une horrible dévastation. Si nous avons fait cette longue description de ce qu'était la ville de Moscou, c'est pour mettre devant les yeux de nos lecteurs les vicissitudes des choses humaines.

La ville de Saint-Pétersbourg, actuellement capitale de l'empire de Russie, est une des plus belles villes du nord. Pierre Ier. la fonda en 1703, et lui donna le nom qu'elle porte en l'honneur de l'apôtre Saint Pierre. Elle est d'une étendue prodigieuse, et l'on y compte plus de soixante mille maisons de diverses grandeurs. Elle est située sur trois îles que la Néva forme à son embouchure dans le golfe de Finlande. Dans la première, qui s'appelait autrefois l'*île des Lièvres*, et qui s'appelle aujourd'hui *île de Péters-*

bourg, a été bâti le fort de ce nom, qui a six bastions, et à l'opposite duquel on a élevé en terre ferme un ouvrage couronné. C'est dans ce fort qu'est l'église de Saint-Pierre et Saint-Paul, accompagnée d'une haute tour. Depuis Pierre-le-Grand, elle est la sépulture des empereurs : le toit de la tour est couvert du haut en bas de la plus fine dorure. Dans le bras de la Néva qui se trouve entre l'ouvrage couronné et le fort, sont rangées les galères de l'empire, qu'on y fait entrer au commencement de l'hiver. Dans cette île est un quartier habité par des Tartares et des Cosaques. On y voit l'église de la Sainte-Trinité, qui est un bel édifice, deux hôpitaux avec une église, un jardin botanique, une pharmacie impériale, et une académie des sciences, qui s'est fait dans le nord une sorte de réputation.

La seconde île est celle de l'*Amirauté*, ainsi nommée à cause des bâtimens de l'amirauté qui y sont situés. On y voit encore une petite maison de bois où logea Pierre-le-Grand, lorsqu'il pris possession de cette île en 1703 : on l'a entourée d'une muraille de pierres, et on lui a donné un nouveau toit. Dans cette île sont situés le palais d'été de l'empereur, avec de superbes jardins, des grottes, des fontaines, des bocages, une ménagerie, une orangerie, et des statues de marbre; le palais d'hiver, les écuries, l'arsenal, une fonderie, le laboratoire pour les feux d'artifice, les casernes pour la garde à cheval, un chantier de galères, quatre églises, et un grand nombre de palais et d'hôtels.

La troisième île est la plus grande; on l'appelle l'*île de Saint-Basile*. Elle est jointe aux autres par un pont de bateaux de deux cents toises de longueur. Outre la bibliothèque impériale, un cabinet de curiosités, et plusieurs beaux édifices particuliers, elle renferme l'université, l'école militaire, la bourse, la douane, la chancellerie pour les médecins, avec trois belles pharmacies, le port des galères, et la belle églie de Saint-André.

On trouve à Pétersbourg toutes sortes de fabriques, de sucre, de glaces, d'orfévrerie, de bijouterie, de tapisseries, de vernis. Le commerce, soit d'exportation, soit d'importation, en est considérable en temps de paix. Les marchandises qu'on en exporte sont des fourrures, du goudron, du chanvre, des bois de marine et de construction, et celles qu'on y importe arrivent de la Chine, de la Perse, de la Turquie, des colonies, et surtout de l'Angleterre, dont la Russie est le grand débouché pour ses denrées coloniales et les produits de ses manufactures. La situation de cette grande ville, dont la population s'élève à environ quatre cent mille ames, a été assez mal choisie pour la santé de ses habitans. Des marais l'environnent, et sans ses quais fort élevés, elle serait exposée aux inondations de la Néva. Pour en assurer l'approvisionnement et faciliter le commerce, Pierre-le-Grand fit creuser, en 1720, le canal de Ladoga, qui a près de trente lieues de longueur, soixante-dix pieds de largeur, et dix de profondeur. On y employa vingt-quatre mille ouvriers pendant douze années consécutives, et il ne fut achevé qu'en 1732; mais la plus belle et la plus vaste entreprise de ce grand monarque, c'est la grande route qu'il fit construire de Pétersbourg à Moscou. Ce chemin, qui est pratiqué en ligne droite à travers des forêts immenses, a deux cent quatorze lieues de longueur. Il fut achevé en 1718. De deux en deux lieues, on trouve des poteaux élevés qui servent à guider les voyageurs, et partout où il y avait des bois, on a coupé les arbres à la distance de cent pas de chaque côté, pour la sûreté des passans. Cette route est partagée en vingt-quatre postes, à chacune desquelles on trouve ordinairement pour le moins vingt chevaux prêts à partir.

En parlant de Saint-Pétersbourg, nous ne devons pas omettre de parler de *Cronslhot* et de *Cronstadt*. Cronslhot est un fort construit en pierres, et situé dans la mer, sur un banc de sable, à douze lieues de cette capitale, du côté de l'ouest. Il défend le port formé par la Néva. C'est dans ce port que la flotte russe est à l'ancre pendant l'été. *Cronstadt* est une grande ville, avec une bonne forteresse, à huit lieues de Saint-Pétersbourg. Elle fut bâtie par Pierre-le-Grand, en 1703.

Ce n'était au commencement qu'un petit fort qui couvrait le port dont nous venons de parler. En 1721, on lui donna le nom de *Cronstadt*, parce qu'on y a bâti une ville dont les rues sont fort larges, et où plusieurs Russes de distinction ont leurs hôtels. Elle est située dans l'île de Retusari. Les commis et gardes des péages, et un grand nombre de matelots y font leur séjour. En été, on voit dans le port quantité de bâtimens marchands et des vaisseaux de guerre : on y voit aussi un beau chantier propre à la construction et au radoubage des vaisseaux.

Les environs de Pétersbourg sont agréables et ornés d'un grand nombre de maisons de plaisance qui appartiennent ou à la famille impériale, comme Petershoff, Oranienbaum, Catherinhoff, ou à des seigneurs de la cour.

Nous aurions encore beaucoup de choses à dire sur les usages, les mœurs de la population noble ou aisée de Pétersbourg, et sur divers monumens qui embellissent cette ville, telle que la statue de Pierre-le-Grand, placée sur un énorme rocher;

mais les bornes de ce Précis s'y opposent, et d'ailleurs, en tems et lieu, nos lecteurs pourront trouver ces détails ou dans les géographies modernes, ou dans les ouvrages des voyageurs du dernier siècle et du commencement de celui-ci.

La ville de Casan, éloignée de près de trois cent cinquante lieues de Pétersbourg, vers l'orient, est plutôt une ville asiatique qu'européenne; elle est située sur la rivière Kazanka; elle est riche, grande, bien peuplée et fortifiée. Il y a un archevêque et cinquante églises, dont la plupart sont de pierres. Le gouverneur et le vice-gouverneur font leur résidence dans la citadelle, dont la garnison a son commandant particulier. Les habitans, qui sont en partie Russes, en partie Tartares, font un grand commerce avec les Turcs par la mer Noire. Casan est la capitale d'un royaume qui fut subjugué dans le quinzième siècle par Jean Basilowitz, surnommé *le Grand* ou *le Victorieux*. C'est des tzars de ce royaume que vient le mot *czar*, car ce n'est que depuis cette conquête que les grands-ducs de Moscovie ont pris ce dernier titre.

Archangel, situé à douze lieues de la mer Blanche, sur la Dwina, est une ville fameuse par son commerce, où il y a un beau château bâti depuis environ soixante ans. Elle a une lieue et demie de longueur et une demi-lieue de largeur; les maisons en sont toutes construites en bois, à l'exception d'un grand édifice en pierre, où les marchands entreposent leurs marchandises. Il s'y faisait un grand concours de négocians anglais, hollandais et hambourgeois, et il y a peu d'années que les premiers y avaient un énorme entrepôt de draps de leurs manufactures. Le célèbre czar Jean Basilowitz, dont nous venons de parler, établit ce commerce vers l'an 1569; et comme il était l'admirateur de la reine Elisabeth d'Angleterre, il admit les Anglais dans ce commerce, et leur accorda de grands priviléges.

Ce qui contribue à rendre florissant le commerce d'Archangel, c'est que la mer Blanche communique, près de cette ville, à la mer Glaciale, dont elle n'est qu'un grand golfe. Cette situation procure aux étrangers la commodité d'acheter de la première main les marchandises de Russie, et de les transporter chez eux sans payer aucuns frais de péage. Le commerce d'Archangel a souffert considérablement de la fondation de Pétersbourg, parce que ses plus riches marchands furent contraints d'aller s'établir dans cette dernière ville. Saint-Nicolas est un couvent fort connu, situé sur un bras de la Dwina, à l'opposite d'Archangel. Les vaisseaux abordaient autrefois en cet endroit; mais le bras du fleuve par où ils passaient étant devenu impraticable, on a été obligé de construire un port à Archangel.

Précis historique des règnes des Souverains de Russie, depuis les commencemens de cet Empire jusqu'à Pierre-le-Grand.

C'est à l'année 862 qu'on rapporte communément la fondation de l'empire de Russie, par Rurich, prince de Novogorod, chef de la première race des souverains de ce pays : il eut pour successeur un fils nommé Igor, qui épousa Oléga, fille d'Oleg, général de son père. Ce jeune prince s'étant emparé par stratagême de la ville de Kiow, en fit la capitale de son empire. Pendant tout son règne, il eut continuellement les armes à la main; il remporta plusieurs victoires, et mourut en combattant contre les Dreuliens.

Oléga, sa veuve, vengea sa mort en brûlant les villes de ses ennemis, et en massacrant leurs habitans. Lorsqu'elle fut en paix, elle ne songea plus qu'à policer ses sujets et à bien élever son fils. Elle fit ensuite un voyage à Constantinople, d'où elle apporta le christianisme à ses peuples. Devenue chrétienne, elle ne s'occupa plus que de leur bonheur, et mourut comme une sainte : elle est encore invoquée en Russie comme telle, sous le nom d'Hélène, qu'elle avait pris à son baptême.

Swiatoslas, son fils, prince ambitieux, fit la guerre aux Grecs, et fut sur le point de perdre la ville de Kiow, que ses voisins assiégèrent pendant qu'il se trouvait occupé ailleurs. Après avoir partagé ses états entre ses enfans, et donné son fils naturel, Volodimir, pour souverain aux habitans de Novogorod, il recommença la guerre contre les Grecs avec un corps de dix mille hommes. Avec ce petit nombre de soldats, il parvint à forcer l'empereur de Constantinople à lui payer un tribut. Tranquille du côté des Grecs, Swiatoslas se proposa de visiter les bords du Borysthène, malgré les dangers d'un tel voyage. A peine eut-il fait la moitié du chemin, que son escorte fut taillée en pièces par les Barbares, et qu'il périt lui-même accablé par le nombre : les Barbares lui coupèrent la tête, dont ils ôtèrent le crâne pour en faire une tasse à boire. Ce prince fut un des plus grands hommes de son siècle, et pendant les vingt-sept années qu'il occupa le trône de Russie, il eut presque toujours les armes à la main. L'histoire rapporte qu'il ne se nourrissait que de viande cuite sur des charbons, qu'il couchait sur la terre, et n'avait pour oreiller que la selle de son cheval. il laissa ses trois fils héritiers de ses états. Volodimir, prince de Novogorod, son fils naturel, fut le seul souverain après la mort de ses deux frères, dont il fit mourir le second, qui avait été le meurtrier du premier.

Volodimir, monté sur le trône vers la fin du dixième siécle, épousa la sœur des empereurs de Constantinople, Basile et Constantin, et se fit baptiser. Avec les principes du christianime, il prit le goût des Grecs pour les arts, et les fit fleurir dans son empire, autant que ses peuples étaient capables de les cultiver. Il introduisit aussi les caractères slavons, et après avoir gouverné ses sujets avec beaucoup de sagesse, sous le nom d'apôtre et de Salomon du Nord, il mourut, et fut invoqué comme un saint.

On raconte qu'un des plaisirs de ce prince consistait à régaler souvent ses sujets nouvellement convertis, et à leur faire célébrer les grandes fêtes par des festins. Il ordonna un jour, dans un de ces repas, qu'on leur donnât pour dessert trois cents ruches à miel; le reste du dîner avait été servi dans cette proportion. Il voulait que tous les dimanches il y eût, dans son palais, un souper pour tous les pauvres qui se présenteraient. Ceux-ci s'étant enivrés, se plaiguirent de ce qu'on ne les servait qu'en cuillères de bois, et demandaient s'il n'y en avait point d'argent dans la maison d'un si grand monarque. Volodimir ayant appris ces plaintes, dit: « Ces gens ont raison; je veux que désormais on fasse fabriquer autant de couverts d'argent qu'il y aura de convives. Il est bien juste que ceux qui m'en ont procuré par leurs travaux, n'en soient pas privés lorsqu'ils viendront chez moi. »

Volodimir eut pour successeur, au commencement du onzième siècle, Jaroslas, son fils aîné. Après avoir ensanglanté les premières années de son règne par la mort de plusieurs de ses frères, ce prince, se voyant affermi sur le trône, ne tint plus que la conduite d'un prince sage, équitable et religieux. Après sa mort, ses fils, entre lesquels il avait partagé ses états, furent toujours divisés et toujours en guerre. Depuis cette époque, pendant plus de deux siècles, l'histoire de Russie n'est remplie que du détail des guerres que se firent ces princes, leurs fils et leurs petits-fils; divisions qui procurèrent aux Tartares la facilité d'envahir la plus grande partie de la Russie, et de la tenir sous leur domination pendant plus de cent soixante ans. On doit pourtant citer Alexandre Newski, qui fit avec succès la guerr e aux Suédois dans le treizième siècle, et que l'église russe a mis au rang des saints.

Ce fut Jean Basilowitz qui, en 1450, commença par s'emparer des anciennes possessions de ses ancêtres. Après d'heureux succès, il subjugua le royaume de Casan, poussa ses conquêtes jusqu'en Sibérie, se rendit maître d'une partie de la Laponie, et devint plus puissant qu'aucun de ses prédécesseurs. Par ses armes, les Tartares furent humiliés; une partie de la Suède, de la Finlande, de la Livonie, fut soumise à un tribut, et la Lituanie et la Pologne furent ravagées. Après toutes ses guerres et ses conquêtes, il fit régner la paix dans ses vastes états. Le trait suivant, auquel il ne put survivre, suffira pour donner une idée de son caractère féroce, qui a été celui d'un grand nombre de ses successeurs.

Il avait un fils formé sous ses yeux au métier de la guerre, et élevé dans les combats. Ce jeune prince, qui avait reçu le commandement d'une petite armée, soit prudence, soit timidité, se retira deux fois d'un pays ennemi dont il avait ordre de tenter la conquête. A son retour, son père l'accabla de reproches, et transporté de fureur, lui porta un coup qui l'étendit mort à ses pieds. La nature ne tarda pas à se faire entendre au cœur de cet homme cruel ; ses remords le jetèrent dans une mélancolie qui le conduisit au tombeau.

Il eut pour successeur, au lieu de Démétrius, son petit-fils, Basile, fils de Sophie Paléologue, sa seconde femme. Ce prince, meurtrier de l'infortuné Démétrius, s'empara par une perfidie de Smolensko, qui appartenait au roi de Pologne. Après un règne de vingt-huit ans, il déclara Jean, son fils, pour son successeur, et se fit transporter dans un monastère, où il mourut, après avoir pris l'habit de religieux. Quelques historiens prétendent que ce fut sous son règne que les Tartares de Casan s'emparèrent de Moscou et se répandirent dans toute la Russie, et qu'il se rendit leur vassal.

Jean, fils de Basile, n'avait pas cinq ans lorsqu'il monta sur le trône, sous la tutelle et la régence de sa mère Hélène, que les grands firent mourir quelque temps après par le poison, parce qu'elle confiait toute l'autorité à son favori.

A l'âge de dix-huit ans, Jean Basilowitz se fit couronner à Moscou, et prit les rênes du gouvernement. Les historiens sont partagés sur le caractère de ce prince: les uns le représentent comme un tyran cruel et sanguinaire; les autres comme un prince sage et modéré, tout occupé du bonheur de ses sujets. Selon le témoignage des premiers, après s'être rendu maître de la Livonie, il se fit amener tous les captifs l'un après l'autre, et les ayant assommés lui-même à coups de bâton, il les fit jeter dans la rivière. Il fit déshonorer en sa présence, par ses soldats, les femmes et les filles, et les fit ensuite mutiler et brûler à petit feu. Sous de faux prétextes il fit égorger son frère et son beau-père. Les habitans de la ville de Novogorod ayant excité quelque tumulte, il en fit arrêter trois mille des plus distingués, et fut lui-même l'ordonnateur de leur supplice: il variait les tourmens de ces malheureux, et en inventait de nouveaux pour les rendre plus longs et plus horribles. Les chevaliers livoniens périrent sur des échafauds, après avoir été traînés et fouéttés dans les rues de Moscou.

Après ces affreuses exécutions, il demanda en mariage la princesse Catherine, fille de Sigismond, roi de Pologne; mais ses propositions furent rejetées avec indignation, et pour réponse, on lui envoya une cavale couverte d'habits de femmes. Cette insulte le rendit encor plus furieux. Il renouvela toutes ses horreurs; il accusa de trahison plusieurs de ses ministres et des principaux seigneurs de sa cour, et les fit mourir, avec leurs familles, dans des supplices inouis.

Après la mort de Sigismond, les Polonais élurent pour leur roi Etienne Battori, prince de Transylvanie. Ce nouveau monarque ne fut pas plutôt sur le trône, qu'il déclara la guerre au czar de Russie; il lui envoya à ce sujet un seigneur nommé Lopatinski, homme d'une fermeté reconnue. Arrivé à Moscou, ce négociateur fut prévenu qu'on ne souffrirait pas qu'il se présentât à la cour le sabre à la main, suivant l'usage alors établi quand un ambassadeur allait déclarer la guerre. Lorsqu'on l'eut averti que le sénat était assemblé, et qu'on l'attendait, il s'y rendit avec beaucoup d'assurance; et lorsqu'on lui eut demandé le sujet de son ambassade: « Je viens, dit-il, déclarer la guerre à la Russie, au nom du roi, mon maître, et de toute la Pologne. » On le conduisit delà à l'audience du czar. Quand il entra dans la cour du palais, il y eut plus de cent personnes écrasées sous les pieds des chevaux. Quelqu'un s'écria à ce sujet: « Si un seul Polonais a pu faire périr tant de Russes, que ne feront-ils pas lorsqu'ils seront tous réunis ? »

A l'arrivée de l'ambassadeur, le czar affecta beaucoup de gaîté. Lopatinski lui-

présenta la lettre du roi de Pologne, et une épée faite en forme de faux, ce qui désignait une déclaration de guerre. Le monarque jeta sur lui un regard d'indignation, et lut la lettre en frémissant de colère. Etienne lui reprochait les outrages qu'il avait faits aux Polonais, et ses cruautés dans la Livonie, et lui proposait d'évacuer ce dernier pays, sans quoi il lui déclarait une guerre éternelle. Le czar fit assembler les grands de l'empire ; la guerre fut résolue, et Lopatinski fut renvoyé.

Voici quelques traits qui feront mieux connaître que tout ce que nous en pourrions dire, la férocité et la bizarrerie du caractère de Jean Basilowitz. Il fit clouer un chapeau sur la tete d'un ambassadeur italien qui s'était couvert devant lui : cependant Jérôme Boze, ambassadeur d'Elisabeth, reine d'Angleterre, osa mettre son chapeau en sa présence. Basilowitz lui demanda s'il ignorait le traitement qu'il avait fait à un autre ambassadeur, pour une semblable hardiesse. « Oui, lui répondit cet homme courageux ; mais je suis l'envoyé d'une grande reine, et si l'on fait une insulte à son ministre, elle saura bien en tirer une vengeance éclatante. » « O le brave homme! s'écria le czar. Lequel d'entre vous, dit-il à ses courtisans, aurait agi et parlé de la sorte pour soutenir mon honneur et mes intérêts? »

Sur quelques soupçons qu'il avait conçus contre la fidélité des habitans de Novogorod, il en fit jeter deux ou trois mille dans le Volga. L'archevêque crut l'appaiser en lui donnant un grand festin; pendant le dîner, Basilowitz fit piller la cathédrale et les autres églises. Lorsqu'il eut appris que ses ordres étaient exécutés, il dit au prélat: « Il ne vous reste plus rien, je vous ai dépouillé de toutes vos richesses; vous n'avez donc plus d'autre parti à prendre qu'à quitter votre habit. Je vais vous faire donner un ours et une musette, et vous ferez danser l'animal pour de l'argent. Je veux, de plus, que vous vous mariez, et que tous vos prêtres vous fassent leurs présens de noces. » L'archevêque y consentit. Lorsqu'il eut reçu un présent de chacun de ses prêtres, le czar s'en empara ; et s'étant fait amener une vieille cavale, il dit à l'archevêque : « Voilà ta femme, monte dessus. » Le prélat ayant monté sur la bête, on lui lia les jambes sous le ventre de cet animal ; on lui suspendit au cou des instrumens de musique, et on l'obligea de jouer du flageolet. Ce fut là le dernier acte de la comédie pour le malheureux pontife ; mais ses prêtres furent plus cruellement traités, le czar les ayant fait pousser à coups de pique dans le fleuve.

Ce même prince visitant quelques-unes de ses provinces, tous les ordres de l'état, depuis les grands jusqu'au peuple, lui firent des présens. Un cordonnier avait dans son jardin un navet d'une grosseur monstrueuse : il l'offrit au czar avec une paire de souliers. Ce prince en fut si satisfait, qu'il voulut que toute sa suite se fît chausser par cet homme et payât la marchandise le double de sa valeur. Un courtisan, témoin de cette libéralité, crut qu'il recevrait une récompense considérable, s'il faisait au monarque un présent beaucoup plus précieux : plein de cette idée, il courut choisir le plus beau cheval de son écurie, et revint l'offrir au prince, qui lui donna le navet du cordonnier.

Un autre trait de singularité est la requête que Basilowitz présenta à son premier ministre ; il le suppliait de lever une armée de cent mille hommes, en lui promettant de ne point l'oublier dans ses prières : avec cette armée il se rendit maître du royaume de Casan, que les Tartares avaient conquis. Il était si flatté de cette conquête, que lorsqu'il était de bonne humeur, ou qu'il avait bu, ce qui lui arrivait souvent, il ne manquait jamais d'entonner une certaine chanson sur la prise de la ville de Casan.

On vint un jour l'avertir qu'un magistrat, sur le point de juger une affaire de conséquence, avait reçu en présent, d'une des parties, une oie remplie de pièces d'or. Il fit semblant de n'en rien savoir, et ne témoigna à ce mauvais juge aucun mécontentement ; mais passant un jour dans la place publique, il ordonna au bourreau de lui donner le *knout* (1), sans lui en dire la raison, mais de lui demander à chaque coup comment il trouvait la chair de l'oie.

On raconte qu'ayant pris un jour un habit de paysan, il alla dans un village demander de porte en porte un asile pour passer la nuit. Il ne reçut partout que des refus, excepté dans la cabane d'un pauvre homme, dont la femme était près d'accoucher, et qui l'accueillit de son mieux; en le quittant, le czar, sans se faire connaître, lui promit de venir le voir le lendemain, et de lui amener un parrain pour son enfant. Il revint en effet avec tout l'éclat de sa dignité, et combla son hôte de présens. Ensuite il commanda à ses gardes de mettre sur-le-champ le feu à toutes les

---

(1) Le knout, ou le fouet, est la punition ordinaire en Russie. Celui qui le reçoit ôte ses habits, ne garde que sa chemise, se couche le ventre contre terre, et deux hommes lui tiennent, l'un les pieds, l'autre la tête, tandis que l'exécuteur le frappe sur les épaules avec des baguettes. Ce supplice n'imprime chez les Russes aucune tache d'infamie.

maisons du village, et d'obliger les habitans à passer la nuit en pleine campagne, pour leur apprendre à être à l'avenir plus charitables, en éprouvant ce qu'on souffre pendant une nuit très-froide, sans feu, sans nourriture et sans abri.

Ce même prince s'étant joint à une troupe de voleurs, leur proposa de piller le trésor du czar, et leur dit qu'il leur faciliterait l'exécution de ce projet. Le voleur à qui il s'était adressé lui dit en le frappant : « Oses-tu bien, scélérat, nous conseiller de voler un si bon prince, lorsque tant de riches boyars le volent déjà assez ? voilà les hommes que nous devons dépouiller de ce qu'ils ont pris au meilleur des princes. » Cette réponse plut si fort au czar, qu'il changea son bonnet contre celui du voleur, et lui donna un rendez-vous pour boire avec lui le lendemain. Cet honnête homme s'y trouva effectivement. Le czar, s'étant fait connaître, l'exhorta à changer de vie, et se servit de lui pour découvrir les autres voleurs.

Jean Basilowitz se fit moine sur la fin de sa vie, et mourut dans un cloître après un règne de cinquante ans. Il laissa deux fils, Théodore et Démétrius. Le premier fut son successeur. Pendant un règne de vingt ans, ce prince, faible d'esprit, se laissa toujours gouverner par son beau-frère, Boritz Gudenow, qui, après avoir fait mourir secrètement Démétrius, fut soupçonné d'avoir donné à son souverain un poison qui abrégea ses jours.

Boritz ne se fut pas plutôt mis en possession du trône par ce double crime, que ses violences excitèrent contre lui l'indignation des grands. Un jeune moine, qui avait quelque ressemblance avec le malheureux Démétrius, voulut en profiter pour se faire passer pour ce prince. Il se rendit en Pologne, et de là ayant attiré quelques grands seigneurs dans son parti, il marcha contre l'usurpateur, à la tête d'une armée de Polonais. Comme le mécontentement que celui-ci avait inspiré aux Russes était général, le faux Démétrius fut bientôt reconnu par l'armée même que Boritz avait envoyée contre lui; alors Boritz n'eut plus d'autre parti à prendre que de s'empoisonner. Peut-être le nouveau czar, que le clergé et la noblesse de Moscou avaient reçu avec beaucoup de pompe, aurait régné paisiblement, malgré son imposture, s'il n'avait pas formé le dessein d'introduire dans le pays la religion catholique, et de faire égorger dans un repas tous les grands qu'il croyait contraires à son projet; mais ceux-ci ayant été avertis à temps, soulevèrent le peuple contre lui, en démasquant son imposture. Il fut tué, son corps brûlé dans une des places de la ville, et les Polonais qui l'avaient suivis furent la plupart massacrés.

Après la mort du faux Démétrius, arrivée en 1606, le sénat de Moscou s'occupa de l'élection d'un nouveau czar; ce qui n'était pas arrivé depuis le règne de Rurich. Toute l'ancienne noblesse et les personnages les plus illustres de Russie furent convoqués. Les voix furent d'abord partagées entre Basile Zuski et Jean Galitzin; mais le peuple, à qui on laissa le choix entre les deux concurrens, et qui avait été gagné, nomma le premier : choix malheureux, en ce que Basile ne fut pas plutôt monté sur le trône, que, par ses violences, il souleva tout l'empire contre lui; ce qui le fit proscrire avec la même chaleur qu'il avait été proclamé. Dépouillé des marques de la souveraineté, il fut obligé de se retirer dans un cloître, et de prendre l'habit monastique. Sous son règne, plusieurs aventuriers se firent passer pour le faux Démétrius: une mort honteuse fut toujours la peine de leur imposture.

A Zuski succéda Uladislas, fils de Sigismond, roi de Pologne, par le choix d'une partie de la nation russe. L'autre partie se tourna du côté des Suédois, et offrit le trône à un fils du roi de Suède, Charles IX. Au milieu de ces divisions s'éleva un troisième parti, qui, indépendant de toute influence étrangère, proposa un jeune homme de quinze ans, d'une des premières familles de l'empire. Tous les Russes s'y réunirent, et Michel Romanow, fils de l'archevêque de Rostow, qui vivait avec sa mère dans un couvent de religieuses, fut proclamé czar, par l'intervention puissante de l'archevêque de Moscou. Ce Romanow est la tige de la maison qui porte aujourd'hui le sceptre de Russie.

Quelques temps après son élection, le jeune czar, frappé de la beauté d'Eudoxie, fille d'un pauvre gentilhomme, la demanda en mariage. Elle était dame d'honneur de la femme d'un sénateur, et son père demeurait à la campagne. Il ignorait que sa fille était l'épouse d'un souverain, lorsqu'il vit entrer chez lui un chambellan du czar, avec une suite nombreuse, qui venait l'inviter à se rendre à Moscou : il travaillait alors dans ses champs avec ses domestiques. En l'abordant, l'envoyé du czar le salua de la part du prince et de la princesse, et lui dit qu'ils désiraient l'un et l'autre de le voir à la cour, et qu'il avait l'ordre de l'y conduire. Ce discours paru si étrange au bon gentilhomme, qu'il crut d'abord qu'on se moquait de lui : « J'ignore qui vous êtes, dit-il au chambellan ; il est vrai que votre air, votre équipage, votre habillement et votre suite annoncent un homme de distinction ; quant à moi, quoique noble, je suis pauvre et obligé de travailler pour subsister : ne me faites pas perdre mon temps. » Mais le seigneur russe lui ayant remis une lettre de sa fille, il ne douta plus de son bonheur. Il se mit aussitôt en route pour Moscou, où déjà il avait été nommé sénateur, et où sa famille est encore aujourd'hui fort distinguée. La douceur et la piété d'Eudoxie égalaient ses charmes, et sa mémoire est encore en vénération dans toute la Russie. Elle ne donna d'abord que des princesses au czar ; mais enfin elle le rendit père d'un prince qui fut nommé Alexis (1).

On prétend que ce fut sous le règne de Michel, que toute la Sibérie acheva d'être

---

(1) Autrefois les alliances étrangères étaient défendues en Russie. Quand le czar voulait se marier, il faisait publier sa résolution dans son empire. On lui amenait les plus jolies femmes, il choisissait celle qui lui plaisait, et renvoyait les autres avec des présens.

réunie à l'empire russe. Il dut cette conquête à un Cosaque, nommé Jermack, chef d'une troupe de brigands, qui, ayant été plusieurs fois battu par les détachemens qu'on envoya contre lui, se retira en Sibérie, où il se mit à faire la guerre aux Tartares qui possédaient encore une grande partie de cette vaste province. Mais persuadé qu'il ne pourrait résister long-temps à la multitude, il voulut mériter sa grâce, en faisant proposer au czar la conquête du pays qu'il avait parcouru. On lui envoya des troupes, et avec ce secours, il se conduisit avec tant de prudence, d'activité et de courage, que partout il fut vainqueur. Son nom est encore en si grande vénération en Sibérie, qu'aux noces du peuple, on ne manque jamais de chanter des chansons en son honneur.

Après un règne de plus de trente ans, Michel Romanow laissa, en mourant, la couronne à son fils Alexis, un des plus grands princes qu'ait eu la Russie. Comme son père, Alexis épousa la fille d'un pauvre gentilhomme ; mais cette épouse, par la trahison d'un ministre nommé Morosow, qui avait tout pouvoir sur l'esprit du souverain, fut renfermée dans un couvent, et céda ses droits à une autre épouse, nommé Marie, dont Morosow épousa la sœur. Toutes deux elles étaient filles d'un gentilhomme, nommé Ilia, qui, comme beau-père du czar et du ministre favori, vécut à la cour dans une grande intimité avec l'un et l'autre. Dans la suite, le monarque ayant reconnu qu'on l'avait trompé, en eut un très-grand chagrin. Il rappela le père de sa première femme, qu'il avait exilé en Sibérie, le combla de biens, et donna à sa fille une pension considérable. Elle conserva toujours précieusement l'anneau et le mouchoir qu'elle avait reçus du czar, et refusa constamment de se remarier.

Plusieurs historiens rapportent au sujet d'Alexis deux anecdotes assez plaisantes. On dit qu'étant fort tourmenté de la goutte, il promit de très-grandes sommes à quiconque lui indiquerait un remède propre à le guérir. Une femme, irritée des mauvais traitemens de son mari, déclara qu'il possédait un spécifique souverain contre le mal qui affligeait le monarque. Le czar envoya chercher cet homme, et lui fit demander son remède : « Sans doute, répondit-il, on me prend pour un autre ; jamais je n'ai été médecin, et je ne connais de secret ni pour la goutte, ni pour d'autres maladies. » On prit ce refus pour une obstination ; et comme après bien des instances il y persistait, il fut condamné à recevoir chaque jour un certain nombre de coups de fouet, jusqu'à ce qu'enfin il eût administré le spécifique dont sa femme assurait toujours qu'il était en possession. Enfin, réduit au désespoir, pour sauver sa vie, il dit, qu'en effet il avait un remède, mais que ne le croyant pas assez efficace, il n'avait pas osé le proposer. Il se fit alors apporter des herbes de toute espèce, et en composa un bain pour le czar. Soit que le mal fut à son déclin, ou que dans un si grand nombre de plantes, il s'en trouvât de propres pour la maladie du prince, celui-ci en fut sensiblement soulagé. On se confirma alors dans l'idée que les premiers refus de cet homme n'étaient qu'un effet de sa mauvaise volonté, et pour l'en punir, on le fouetta encore plus fort que le premier jour. On lui fit ensuite un présent proportionné au service qu'il avait rendu; mais on lui défendit de témoigner aucun ressentiment à sa femme.

La seconde anecdote regarde encore un médecin. Parmi des prisonniers de guerre polonais qui se trouvaient en Russie, il y avait un homme de très-grande considération, avec lequel il était défendu à qui que ce fût d'avoir un entretien particulier. Ce prisonnier étant tombé malade, demanda un médecin : on lui en envoya un par l'ordre du czar. Le docteur lui ordonna entre autres choses, de prendre de la *crême de tartre*. La sentinelle, qui écoutait leur entretien avec beaucoup d'attention, s'imagina à ces mots qu'ils parlaient des *Tartares de Crimée*, avec lesquels les Russes étaient en guerre, et courut en faire son rapport au ministre, qui regarda cette affaire comme très-importante. Le ministre se fit amener le médecin, lui reprocha sa trahison, le menaça des plus cruels supplices, et finit par lui dire : « Chien que tu es ! qu'as-tu dit à ce prisonnier des Tartares de Crimée ? » Le médecin se rappelant alors le contenu de son ordonnance, répondit que c'était sans doute une méprise de la sentinelle qui, entendant nommer la *crême de tartre*, s'était figuré qu'on parlait des Tartares de Crimée.

Après avoir perdu sa première femme, Alexis épousa en secondes noces Natalie Nariskin, qui devint mère de Pierre Ier, ou Pierre-le-Grand. Il mourut cinq ans après ce second mariage, avec la réputation du meilleur prince qui eut gouverné la Russie, et après un règne de plus de trente ans.

Théodore Alexiowitz, l'aîné de ses enfans, lui succéda. Un des évènemens les plus remarquables de ce règne, c'est le coup que Théodore porta à la noblesse russe. Il lui ordonna d'apporter à la cour ses chartes et ses priviléges. Lorsqu'il les eut en son pouvoir, il les jeta au feu, en déclarant qu'à l'avenir les titres de noblesse de ses sujets seraient uniquement fondés sur leur mérite et non sur leur naissance. C'est depuis ce règne qu'en Russie les honneurs et la considération se règlent sur le grade militaire. Un lieutenant-général, quoique d'une noblesse commune, a le pas, à la cour et ailleurs, sur un prince qui n'a que le rang de colonel. La constitution du gouvernement y est toute militaire, et la noblesse est vouée au service par état.

Théodore mourut jeune, et ne laissa point de postérité. Il avait deux frères, Ivan et Pierre : ce fut celui-ci qu'il désigna pour lui succéder, quoique né d'un second mariage du czar Alexis. Cette nouveauté ne laissa pas de souffrir quelque difficulté. Sophie, sœur de Pierre et d'Ivan, résolut d'associer celui-ci à la couronne, et en vint à bout. Mais elle échoua, lorsqu'elle voulut elle-même se placer sur le trône, avec son favori, en soulevant les Strélitz, en faisant mourir la famille du jeune Pierre, et en se faisant déclarer régente de l'empire. Ses desseins furent découverts, et le czar Ivan céda en 1688 toute l'autorité à son frère Pierre, dont le génie, le caractère et la conduite, infiniment agréables à tous les Russes, présageaient l'un des plus beaux règnes de la monarchie moscovite. Déchue de ses prétentions, Sophie n'eut d'autre parti à prendre que d'implorer la clémence du czar Pierre, son frère, et d'autre punition que d'être reléguée dans un monastère. Son favori Galitzin fut exilé avec tous ses complices; et tous ses biens, qui étaient immenses, furent confisqués.

Précis de l'Histoire de Russie, depuis Pierre-le-Grand jusques à Catherine II.

Le czar Pierre Ier. ne passa pas sa jeunesse dans l'indolence et la mollesse; souvent il s'arrachait du sein des plaisirs pour se livrer à l'étude de l'art militaire. Il se plaisait à converser avec les officiers étrangers ; il voulait qu'ils lui apprissent l'exercice, et lui-même le faisait souvent faire aux soldats. Ce prince eut à combattre une frayeur naturelle qui le faisait tomber en convulsions lorsqu'il fallait passer un ruisseau. On dit que cette frayeur lui vint d'une promenade qu'il fit, étant encore enfant, avec la czarine, sa mère, sur une chaussée auprès de laquelle était une cascade qui faisait beaucoup de bruit, et par laquelle il fut éveillé en sursaut : il en eut une si grande peur, que, dans la suite, la vue d'une eau courante lui inspirait une secrète horreur. La victoire qu'il remporta à ce sujet sur lui-même fut l'occasion de la réforme qu'il introduisit dans la marine de Russie. Un jour qu'il se promenait à Ismaïlow, une des maisons de plaisance de son aïeul, il aperçut une chaloupe anglaise qu'on avait abandonnée : c'était un objet inconnu, qui piqua sa curiosité. Il la fit transporter sur un grand lac près du couvent de la

Trinité, et sur ce modèle il fit bâtir trois yachts, et deux petites frégates dont il fut lui-même le pilote; ensuite il fit construire, par des Hollandais et des Vénitiens, quelques barques longues, avec plusieurs vaisseaux de trente pièces de canon, et forma une petite flotte, avec laquelle il fit des courses contre les Turcs et les Tartares. Il envoya beaucoup de jeunes gens à Livourne, à Venise et en Hollande, pour y apprendre l'art de la construction des différentes espèces de vaisseaux. Dans la suite, il donna une fête dans laquelle cette petite chaloupe, dont nous venons de parler, fut conduite sur la Néva avec une pompe extraordinaire, par lui-même et par ses amiraux et vice-amiraux. Le mât portait l'étendard de l'état, et elle entra dans le port de Pétersbourg au bruit de plusieurs salves de canon, d'un grand nombre d'instrumens militaires, et aux acclamations d'un peuple immense.

Pour s'instruire de plus en plus dans la science de la guerre, il s'attacha un officier, nommé Lefort, Genevois, qui était venu en Russie pour s'avancer dans le service. Comme il reconnut en lui des talens militaires, il lui donna d'abord une compagnie d'infanterie; ensuite il l'honora de toute sa confiance, et cette intimité dura jusqu'à la mort de cet étranger. Convaincu de tout l'avantage qui résulte de la subordination dans la profession militaire, le jeune czar voulut apprendre, par son exemple, aux seigneurs de sa cour à n'en pas dédaigner l'apprentissage. Il se fit d'abord tambour dans la compagnie de ses gardes ; il fut ensuite nommé sergent, et passa successivement, mais lentement, aux autres grades.

Comme nous ne nous sommes point proposé de donner une histoire suivie des souverains de la Russie, ce qui nous aurait obligé d'aller au-delà des bornes d'un précis composé pour plaire à la jeunesse afin de l'instruire, nous nous contenterons de rapporter, au sujet de Pierre-le-Grand, les traits les plus capables de le faire connaître et d'intéresser nos lecteurs.

Deux ans après être devenu le seul monarque de la Moscovie, Pierre, se trouvant à table avec les principaux seigneurs de sa cour, entendit un jeune garçon pâtissier qui annonçait dans les rues sa marchandise avec des propos joyeux : il le fit appeler, et l'interrogea pour s'amuser. Le jeune homme répondit sans embarras à toutes les questions du monarque, qui, charmé de sa bonne mine et de l'aisance de ses manières, conçut une bonne opinion de lui, et résolut de l'avancer. Il le fit entrer dans la compagnie de Lefort, où Menzikoff se distingua par sa bonne conduite et par son adresse dans tous les exercices militaires. Pierre le retira bientôt des grades inférieurs pour l'élever successivement aux premières dignités de l'armée, et aux places les plus éminentes de l'empire. Il lui donna toute sa confiance ; il en fit son ami de cœur, son confident, et en quelque sorte le dispensateur de ses grâces. Ce favori parvint, enfin, par un chemin rapide, au commandement des armées. Il fut généralissime des troupes, gouverneur de province; il eut le titre et la dignité de prince, et sa faveur subsista dans le plus haut degré pendant tout le règne de Pierre-le-Grand.

Il y avait plusieurs années que ce prince était sur le trône, lorsque, ne pouvant résister au désir de s'instruire par lui-même des arts qu'il voulait établir dans sa patrie, il se proposa de voyager en simple particulier dans différentes contrées de l'Europe, et se mit à la suite de ses propres ambassadeurs. Arrivé en Hollande, il alla s'établir au village de Saardam, le principal chantier de cette république, et se fit inscrire dans le nombre des charpentiers, dont il adopta la nourriture, l'habillement et les travaux. Il les interrogeait, écoutait leurs instructions, et construisait des vaisseaux. La Hollande accordait d'honorables distinctions à ses ambassadeurs; tandis que, sous le nom de *Maître Pierre*, il s'occupait dans un village à des ouvrages grossiers et fatigans. Le mystère dont ce grand homme s'enveloppait fut trahi par un Hollandais qui reçut des lettres de Russie. Le czar s'aperçut bientôt, à la contrainte de ses compagnons, que son rang ne leur était plus inconnu ; il ne trouvait plus en eux la même franchise, la même familiarité, ni la même liberté pour lui enseigner ou commander ce qu'il devait faire : alors il ne voulut pas qu'on eût égard à son rang ; il demanda d'être toujours traité comme *Maître Pierre*, leur ami et leur camarade.

Pendant son séjour en Hollande, Pierre alla voir, sans cérémonie, à Utrecht et à la Haye, Guillaume, roi d'Angleterre : il assista ensuite, comme simple spectateur, à l'entrée de ses propres ambassadeurs et à leur audience. De retour à Saardam, il reprit ses premières occupations, acheva de ses mains un vaisseau de soixante pièces de canon, qu'il avait commencé, et le fit partir pour Archangel. De la Hollande, ce prince passa en Angleterre, toujours à la suite de son ambassade, et sa manière de vivre fut la même qu'à Amsterdam. On lui avait préparé un hôtel magnifique, mais il le quitta pour aller se placer près du chantier du roi : il sortait de grand matin pour aller s'entretenir avec les entrepreneurs et les ouvriers, dont il recevait des leçons pour la construction des grands bâtimens. Le roi d'Angleterre lui donna le spectacle d'un combat naval, et lui fit présent d'un vaisseau de vintg-cinq pièces de canon. Il allait, comme un simple habitant de Londres, dans les jeux, dans les cafés, aux spectacles, dans les lieux d'assemblées, portant partout le génie observateur qui lui faisait étudier les mœurs, les usages, les lois et l'industrie des peuples. Il prit à son service un Ecossais, nommé Fergusson, bon géomètre, qui établit l'arithmétique en Russie, où l'on ne savait compter qu'avec des boules enfilées dans du fil d'archal. Ce fut aussi à Londres qu'il fit un traité pour établir dans ses états le commerce du tabac, malgré les remontrances du clergé moscovite.

Ce fut en 1700 que commença cette célèbre guerre entre ce prince et le fameux

Charles XII, roi de Suède, dont les évènemens furent si variés, et qui finit par l'entière défaite du monarque suédois à la journée de Pultava. Nous n'en rapporterons ici que les circonstances les plus agréables à la lecture, et encore serons-nous sobres dans le récit que nous en allons faire ; nous continuerons ensuite à rapporter les traits qui peignent le mieux l'empereur Pierre-le-Grand.

Parmi les évènemens de cette guerre, un des plus remarquables est la prise de Marienbourg en Livonie, conquête en elle-même de peu d'importance, mais célèbre par la connaissance qu'y fit le czar d'une jeune fille, nommée Catherine, qui fut son épouse, et régna après lui. Elle était née d'un paysan, et avait perdu ses parens étant encore fort jeune ; elle fut élevée, par charité, chez le clerc de son village, ensuite chez le doyen des pasteurs de Marienbourg. Un sergent de la garnison l'avait obtenue en mariage, mais cet homme disparut le jour même de ses noces pendant le siége de la ville. Le prince Mensikoff la vit, et la trouva fort jolie, la demanda et l'obtint. Catherine eut alors l'occasion d'être connue du czar, qui venait souvent et familièrement chez son favori. Sa figure, sa conversation et son esprit plurent beaucoup à ce souverain, qui, dès ce moment, prit pour elle une inclination qui ne fit que se fortifier de plus en plus, et à un tel point qu'il crut ne pouvoir mieux faire que de l'associer à son empire en l'épousant. Catherine usa de l'ascendant qu'elle avait sur ce monarque, pour adoucir l'aigreur et réprimer l'emportement de son caractère, et l'attacher aux intérêts de sa gloire et à ceux de ses sujets.

Ce fut en 1703 que, malgré la guerre qu'il avait à soutenir contre les Suédois, Pierre entreprit de bâtir la ville de Saint-Pétersbourg, près de l'embouchure de la Néva; il en avait lui-même tracé le plan, et il en pressa les travaux. On le voyait à la tête des ouvriers, qu'il encourageait en mettant la main à l'œuvre; et, par une sorte d'enchantement, il fit sortir du sein des flots une cité florissante, rivale de Moscou, et la nouvelle capitale du plus vaste empire du monde.

Pierre-le-Grand, voulant signaler ses armes par la prise de quelques places importantes, partagea en deux corps son armée, forte de soixante mille hommes. Le comte de Czérémétof, à la tête du premier, assiégea la ville de Derp, en Estonie, et s'en empara presque sans résistance ; le czar, à la tête de l'autre, alla former l'attaque de Nerva, ville de l'Ingrie. Le général Horn, gouverneur de cette place, rejeta avec mépris la proposition qui lui fut faite de se rendre. Pierre, outré de ce refus, ordonne l'assaut, et ses troupes s'y portent avec fureur Trois bastions, célèbres par leurs noms, qui étaient *la Victoire*, *l'Honneur* et *la Gloire*, défendaient les approches de la place. Le czar les emporte tous trois, l'un après l'autre : les Russes alors mirent tout à feu et à sang, malgré la défense du monarque. On vit ce prince courir l'épée à la main sur ses propres soldats, pour arrêter le pillage et le massacre : il arrache les femmes de leurs mains, et tue ceux de ces furieux qui refusent de lui obéir ; ensuite il entre à l'hôtel-de-ville, où les habitans effrayés se réfugiaient en foule : là, posant sur la table son épée ensanglantée : « Ce n'est point, dit-il, du sang des citoyens que cette épée est teinte, mais de celui de mes soldats, que j'ai versé pour vous sauver la vie. » Il fit ensuite enfermer le général Horn, en lui reprochant d'avoir été la cause, par sa trop longue résistance, de la mort d'un grand nombre d'hommes.

Ce même prince se trouvant en Lithuanie avec Auguste, roi de Pologne, l'engagea à prendre le commandement de son armée, et lui fit proposer, par le général moscovite, de nommer à deux places de colonel qui venaient de vaquer. Le roi de Pologne répondit qu'il ne connaissait pas assez les officiers russes pour faire un choix avec équité, et pria le général de lui désigner ceux qu'il jugeait les plus capables d'occuper les deux places : on lui désigna le prince Menzikoff et le lieutenant-colonel Pierre. Auguste dit alors qu'il connaissait bien le mérite du prince Menzikoff, et qu'il lui ferait expédier le brevet de colonel; mais que pour l'autre, il n'était pas assez informé de ses services. On sollicita pendant cinq ou six jours pour Pierre ou le czar; enfin le roi le fit colonel.

Charles XII, admirant les belles manœuvres des Moscovites à la bataille de Pultava, qui mit un terme à ses longs et brillans succès, ne put s'empêcher de dire : « Je vois bien que nous avons appris le métier de la guerre à nos ennemis. » Le prince Menzikoff eut trois chevaux tués sous lui, et le czar son chapeau et son habit percés de plusieurs balles. La célèbre Catherine, que le monarque avait épousée secrètement, était aussi au milieu de la mêlée, dans une chaise ouverte, faisant enlever les blessés, et prenant soin qu'ils fussent bien traités. Après sa victoire, Pierre espérant toujours qu'on lui amenerait le roi de Suède prisonnier, disait à ses généraux : « Ne verrai-je donc pas mon frère Charles ? » La plupart des prisonniers suédois furent envoyés en Sibérie ; mais les officiers généraux furent invités à la table du czar, qui, en buvant à leur santé, les nomma ses maîtres dans l'art de la guerre. « Votre Majesté, lui dit alors le comte de Renschild, est donc bien ingrate d'avoir si maltraité ses maîtres. »

Cette fameuse bataille, qui mit un terme aux succès du roi de Suède, et délivra la Russie de ce redoutable ennemi, donna lieu à une entrée triomphante à Moscou, où le czar exposa aux yeux de ses sujets l'humiliation et la douleur des vaincus. On avait élevé pour cette pompe sept arcs de triomphe ornés de trophées : les pièces d'artillerie, les étendards, les timbales, les chariots de munitions, étaient portés ou conduits par les soldats qui les avaient pris aux ennemis. Les officiers prisonniers marchaient deux à deux derrière le brancard qui avait servi à Charles XII pendant la bataille. Le czar montait le même cheval qu'il avait dans cette mémorable journée de Pultava ; à quelque distance paraissaient les Russes qui s'étaient distingués par leur valeur : l'élite des troupes victorieuses augmentait la magnificence de cette marche militaire. Le son de toutes les cloches, et celui d'une infinité d'instrumens guerriers, joint au bruit de l'artillerie, remplissait le peuple de joie et d'admiration. Plus de cent mille spectateurs s'écriaient à l'envi, et tous ensemble : « Vive l'Empereur ! vive notre père ! »

Les heureux succès de la guerre que Pierre-le-Grand avait entreprise contre la Finlande, province du royaume de Suède, procurèrent cinq ans après aux habitans de Pétersbourg le spectacle d'un autre triomphe, mais d'un genre singulier. Le souverain fut représenté par le comte Romanodowski : ce seigneur était assis sur un trône élevé, et avait tous les ornemens et tous les attributs du czar. Il distribua à tous les officiers des médailles d'or ; tous les soldats et matelots en eurent d'argent. Un arc de triomphe que le czar avait dessiné lui-même, fut décoré des emblêmes de toutes ses victoires. Les vainqueurs passèrent sous ce monument triomphal. L'amiral Apraxin marchait à leur tête, ensuite le czar en qualité de contre-amiral, et tous les autres officiers selon leur grade. Les prisonniers suédois suivaient immédiatement leurs vainqueurs. Lorsqu'on fut arrivé au trône occupé par le vice-czar, l'amiral Apraxin lui présenta le contre-amiral Pierre, qui demanda à être créé vice-amiral pour prix de ses services. On alla aux voix, et toutes lui furent favorables. On sent bien que le but de ce spectacle était de montrer que les grades et les honneurs militaires ne doivent être accordés qu'au mérite et aux services.

Lorsque Pierre-le-Grand eut donné la paix à son empire, il résolut de visiter la France. Il se mit en marche, comme à son ordinaire, avec une suite peu nombreuse. L'impératrice l'accompagnait ; mais sa grossesse l'arrêta à Rott r l m. Elle se retira à Wesel, dans le duché de

Clèves, où elle mit au monde un prince qui ne vécut que peu de jours. Pierre poursuivit sa route, et ne voulut pas s'arrêter à Beauvais, où l'évêque de cette ville lui avait préparé un repas somptueux ; et comme on lui représentait que, s'il passait outre, il ferait mauvaise chère, il répondit : « Je suis un soldat, il ne me faut que de la bière et du pain. »

Ce prince arriva à Paris en 1717, entre neuf et dix heures du soir ; le roi Louis XV, qui avait alors douze ans, était déjà couché. Il fut surpris de voir les rues Saint-Denis et Saint-Honoré tout illuminées, et remplies d'un nombre prodigieux de spectateurs. Il descendit au vieux Louvre, et fut conduit dans l'appartement de la feue reine, mère de Louis XIV, qui lui avait été préparé. Il le parcourut pendant une demi-heure, en admirant la magnificence des meubles de la couronne. Etant entré dans une salle, où deux tables de soixante couverts chacune étaient servies en mets gras et maigres, il les considéra un instant, et demanda un morceau de pain et des radis, goûta de cinq ou six sortes de vins, but deux verres de bière ; et jetant les yeux sur la foule qui remplissait les appartemens, il pria le maréchal de Tessé de le faire conduire à l'hôtel de Lesdiguières, près l'arsenal, qui avait été meublé pour lui. En y arrivant, on ne trouva qu'une seule personne qui tenait un flambeau : il s'en saisit, et considérant le lit qui lui parut trop beau, il entra dans un cabinet voisin de sa chambre, où il y en avait un destiné pour son domestique de confiance ; il dit alors au maréchal de Tessé : « En voilà assez pour me coucher, je préfère les petits endroits aux grands. »

Après avoir fait ses visites au roi et au duc d'Orléans, régent du royaume, ce prince se mit à parcourir la ville de Paris, dès la pointe du jour, s'arrêtant dans tous les endroits où il y avait quelque chose de remarquable. Le maréchal de Villars le conduisit aux Invalides, dont il admira le magnifique hôtel. Il entra dans le réfectoire au moment où les soldats étaient à table ; il goûta de leur soupe, se fit verser du vin, et but à la santé des officiers qu'il nomma ses camarades.

Ce monarque n'omit aucun monument curieux. S'il allait chez les artistes, on mettait à ses pieds tous les chefs-d'œuvre, et on le suppliait de les recevoir; s'il allait voir les hautes-lisses des Gobelins, les tapis de la Savonnerie, les ateliers des sculpteurs, des peintres, des orfévres du roi, des fabricans d'instrumens de mathématiques, tout ce qui paraissait mériter son approbation lui était offert de la part du jeune roi. En considérant dans l'église de la Sorbonne le tombeau du cardinal de Richelieu, moins frappé de ce chef-d'œuvre de sculpture que de l'image d'un ministre qui s'était rendu si célèbre, embrassa sa statue, et s'écria: « Grand homme, je t'aurais donné la moitié de mes états, pour conserver l'autre! »

Pierre-le-Grand, de retour dans sa capitale, fit condamner à mort son fils qui s'était révolté pendant son absence, et punir toutes les personnes convaincues d'être ses complices. Ensuite il travailla à la réformation des anciens usages et mœurs des Russes. Il engagea les seigneurs de la cour, et ensuite tous les autres sujets, à quitter leur longue barbe qui leur donnait un air étranger en Europe. Il fit mettre aux portes des villes des modèles d'habillemens selon les modes allemandes et françaises. Il était enjoint aux habitans de quitter leurs longues robes pour prendre des vêtemens moins embarrassans. Ceux qui ne se soumettaient pas à cette réforme, étaient arrêtés; on les faisait mettre à genoux, on coupait l'excédent de leurs robes, et ils étaient ensuite poursuivis avec de grands éclats de rire. Le czar regardait ces plaisanteries comme un moyen plus efficace que l'autorité pour corriger certains ridicules.

Les soins de ce prince s'étendaient sur la religion comme sur les mœurs. Après avoir aboli la dignité de patriarche, il lui substitua un synode perpétuel, qu'il chargea d'abord de lui présenter les sujets qu'il jugerait les plus dignes des hautes dignités ecclésiastiques. L'empereur choisissait un évêque, et le synode le sacrait. Il présidait souvent cette assemblée : un jour, comme il s'agissait de lui présenter un sujet pour un évêché, le synode remarqua qu'il n'avait encore que des ignorans à lui présenter ; « Eh bien, dit le czar, il n'y a qu'à choisir le plus honnête, cela vaudra bien un savant. »

Il était très-attaché à la religion de son empire, et il ne manquait pas d'une sorte de dévotion. On le voyait souvent, à l'église, mêler sa voix à celle des prêtres. Un jour que le lecteur ne récitait point un pseaume à sa fantaisie, il lui arracha le livre des mains, et lut lui-même le pseaume très-distinctement.

S'apercevant du préjudice que l'abstinence de la viande causait à ses troupes, et voyant que les médecins ne gagnaient rien par leurs remontrances, il se rendit lui-même à l'hôpital un jour de jeûne, se fit apporter une écuelle de bouillon, et s'adressant aux plus malades : « Pensez-vous, mes enfans, leur dit-il, que moi qui suis votre empereur, je voulusse vous conseiller quelque chose qui puisse vous mettre mal avec Dieu ? Ne voyez-vous pas, au contraire, que c'est l'offenser que d'être homicide de soi-même ? Ne me croyez-vous pas aussi bon Russe, aussi bon chrétien, qu'aucun de vous ? Eh bien ! me voyez-vous faire difficulté de boire ce bouillon, et de manger cette viande ? Faites-en de même, mes enfans. » Et tout en les exhortant, il but du bouillon et mangea de la viande. Cet exemple fit sur ses soldats l'impression qu'il avait lieu d'en attendre. C'est depuis ce temps que l'armée russe est dispensée des carêmes et des jeûnes qui, dans la religion grecque, remplissent la moitié de l'année.

Après avoir fait couronner à Moscou, avec magnificence, son épouse Catherine, et l'avoir nommée pour lui succéder, Pierre-le-Grand mourut entre les bras de cette princesse, le 28 janvier 1725.

Des peuples grossiers et presque sauvages arrachés malgré eux à l'ignorance et à la barbarie ; des contrées incultes et désertes enrichies par le commerce et l'agriculture ; des forêts antiques et marécageuses changées en villes superbes, en palais somptueux ; la valeur éclairée substituée à l'aveugle férocité ; la politique au despotime, la raison même aux préjugés, tels sont les admirables changemens qu'opéra le génie hardi de Pierre-le-Grand. Ce prince triompha de tous les obstacles, et jamais législateur n'en eut de plus grands à surmonter. Esclaves opiniâtres de leurs usages barbares, les Moscovites fermèrent long-temps les yeux à la lumière des sciences et des arts. Plusieurs même de ceux que le souverain envoyait dans les différentes contrées de l'Europe, pour se polir et s'humaniser, se faisaient gloire de n'y rien apprendre ; et l'on en vit un à Venise, qui demeura quatre ans enfermé dans sa chambre, pour avoir le singulier honneur de reporter dans sa patrie son ignorance et sa sottise.

L'empereur Pierre-le-Grand était d'une taille élevée ; sa démarche était fière ; sa physionomie noble, vive, spirituelle ; il avait le regard rude, et un certain tic désagréable, qui altérait souvent les traits de son visage. Il parlait avec feu, s'exprimait avec facilité, et souvent il haranguait ses soldats, son conseil et son clergé. Simple dans ses mœurs et daus sa cour, il méprisait l'éclat et le faste ; mais il chargeait son favori Mensikoff de le représenter par une magnificence extraordinaire. Jamais il n'y eut d'homme plus actif, plus laborieux, plus entreprenant, plus infatigable ; il comptait tous ses momens et n'en perdait aucun. Il n'était effrayé ni de la peine ni du danger. Les moyens les plus extraordinaires, les plus prompts et les plus efficaces étaient ceux qu'il préférait pour réussir dans ses projets. Ainsi, pour introduire la discipline dans ses troupes, il commença par exercer les emplois subalternes. Lorsqu'il établit des gens pour porter des secours dans les incendies, il prit, le premier, une de ces périlleuses commissions, et, dans plus d'une occasion, on le vit monter, la hache à la main, au faîte des maisons embrasées qui s'écroulaient. Sa présence semblait-elle nécessaire, ou de quelque utilité dans une partie de son empire, aussitôt il partait sans aucune suite, et volait avec une rapidité inconcevable de l'extrémité de l'Europe au cœur de l'Asie. Son voyage le plus fréquent était celui de Pétersbourg à Moscou, qui est de cent quatre-vingts lieues de France. Il le faisait comme s'il eût passé de son palais à une maison de plaisance. Ses peuples le croyaient toujours près d'arriver au milieu d'eux. Son activité se multipliait en quelque sorte, et le rendait présent dans toute la vaste étendue de ses états.

Pierre-le-Grand, comme nous l'avons dit, était devenu l'homme le plus savant de son empire ; il parlait plusieurs langues, et s'était rendu habile dans les mathématiques, la physique, et dans la chirurgie, qu'il exerça plus d'une fois avec succès : les plus vastes projets ne l'étonnaient point ; il les suivait avec une ardeur, avec une constance qui leur ôtaient ce qu'ils paraissaient avoir de chimérique. Ce fut la hardiesse de son génie, ce fut sa passion pour les choses extraordinaires qui lui firent entreprendre et exécuter en peu d'années la métamorphose étonnante et subite d'un peuple barbare et grossier, en un peuple éclairé et policé.

Catherine Ire, qui succéda à Pierre-le-Grand, suivit, dans son gouvernement, les sages maximes de ce prince, et prit un soin particulier de son petit-fils, fils de celui qu'il avait fait condamner à mort, pour crime de révolte contre son autorité. Elle le fit déclarer grand-duc, et le destina à lui succéder. Le crédit du prince Menzikoff devint si grand sous son règne, qui fut très-court, qu'il gouverna l'empire avec une puissance presque illimitée, ce qui lui suscita grand nombre d'ennemis puissans. Pour les perdre, il les accusa d'avoir tramé une conspiration contre l'impératrice, dans le dessein de placer le grand.duc sur le trône. On le crut; ils furent exilés, et il s'empara de leurs biens. Le règne de ce favori insolent ne devait pas être de longue durée. En effet, Catherine étant morte deux ans après Pierre-le-Grand, il fut dépouillé de tous ses biens et dignités par Pierre II, et exilé en Sibérie avec toute sa famille; exemple terrible et mémorable des vicissitudes de la fortune!

Tous les peuples de Russie pleurèrent l'impératrice Catherine Ire. Jamais souveraine ne fut plus digne de l'amour et de la reconnaissance de ses sujets. C'était une mère tendre, attentive, compatissante, qui régnait sur ses enfans. L'étendue de ses connaissances, la sublimité de son génie, ses qualités héroïques, ses vertus politiques, lui avaient marqué, dès son vivant, une place parmi les plus grands rois.

L'empereur Pierre II, qui ne régna pas trois ans, laissa le trône à Anne Ivanowna, duchesse douairière de Courlande, et la seconde des filles du prince Ivan, frère de Pierre-le-Grand. Comme Catherine avait eu Menzikoff pour favori, cette souveraine eut pour le sien un Courlandais de basse naissance, nommé Biron, à qui elle fit donner par la Pologne l'investiture du duché de Courlande. Attaquée d'une maladie mortelle, après un règne de dix ans, elle ne s'occupa plus que de perpétuer la fortune de ce favori, en mettant sous sa tutelle le fils de Catherine, princesse de Mecklembourg, nièce de Pierre-le-Grand, Ivan III, enfant de deux mois, qu'elle nomma pour lui succéder.

L'impératrice Anne se montra digne d'occuper le trône de Pierre-le-Grand et de la célèbre Catherine, par la vigueur et la sagesse de son règne. L'empereur d'Allemagne Charles VI rechercha son alliance; sa puissance fut respectée de tous les états du Nord; elle affermit la couronne de Pologne sur la tête d'Auguste III, électeur de Saxe, son allié; elle réprima la révolte des Tartares, et reprit sur eux les villes dont ils s'étaient emparés par surprise. Les frontières de l'empire furent reculées de cent lieues vers la mer Caspienne. Les Turcs voulurent tenter de remettre sous leur domination la ville d'Azof; mais l'Impératrice les prévint, et rendit leurs projets inutiles.

Les dernières dispositions d'Anne furent d'abord exécutées après sa mort; mais Biron ne tarda pas à éprouver le sort de Menzikoff. Aidée des mécontens, la princesse Catherine, mère de l'empereur, se fit déclarer régente : Biron fut arrêté et relégué en Sibérie. Une nouvelle révolution ne tarda pas à se manifester. La princesse Elisabeth, fille de Pierre-le-Grand et de Catherine, fit valoir ses droits au trône de Russie : ils furent reconnus, et tous les ordres de l'Etat lui décernèrent la couronne avec d'autant plus d'empressement, que l'enfance de l'empereur, et le mariage de la princesse de Mecklembourg avec un prince de Brunswick, ne pouvaient inspirer que peu de confiance dans le nouveau gouvernement. Dans la nuit du 5 au 6 décembre 1741, une partie du régiment des gardes se rendit à l'appartement d'Elisabeth; elle se mit à leur tête, et suivie du reste des troupes, elle se fit ouvrir les portes du palais. Dans cet état, elle entra dans l'appartement de l'empereur et de la régente; mais en leur annonçant leur disgrâce, elle n'oublia pas de les traiter avec les égards dus à leur naissance. Elle fut proclamée de suite impératrice de toutes les Russies à la tête des troupes, et quelques jours après, la régente et le prince son fils se retirèrent en Allemagne.

La nouvelle impératrice nomma une commission pour faire le procès à tous ceux qui, sous les règnes précédens, l'avaient éloignée du trône. Ils furent condamnés à mort; mais elle leur accorda leur grâce, ne voulant pas que sous son règne aucun criminel perdît la vie. Ensuite elle fit venir à sa cour le fils de sa sœur, Anne Pétrowna, femme du duc de Holstein-Gottorp, et le désigna pour être son successeur, après lui avoir fait embrasser la religion grecque. Il reçut le nom de *Pierre Pétrowitz*, comme petit-fils de Pierre-le-Grand, et le titre de grand-duc. Ainsi que Catherine et Anne, Elisabeth eut son favori, et ce fut Alexis Razumowski, qui, de simple grenadier, devint dans ses bras grand-veneur de la couronne, ensuite hetman des cosaques de l'Ukraine. Le comte Bestuchef fut néanmoins celui des ministres de cette princesse qui exerça l'influence la plus longue et la plus marquée.

Voltaire, vendu à la cour de Russie, n'a cessé d'exalter les grandes qualités d'Elisabeth. Il est vrai qu'en montant sur le trône, elle voulut faire aimer son gouvernement par une certaine ostentation d'humanité; mais elle ne tarda pas à se faire connaître pour ce qu'elle était, par le supplice de la comtesse Lapukin, une des plus belles femmes de l'empire, qui avait trempé dans une conspiration tramée par le ministre d'Autriche. Madame de Lapukin subit la peine du knout; et par un raffinement de cruauté, Elisabeth ne voulut pas qu'elle pérît sous les coups de l'exécuteur, pour qu'elle en portât éternellement les traces. Ce qui ajoute à cette atrocité, c'est que cette infortunée était enceinte, et l'on rapporte même que l'impératrice osa repaître ses regards de cet horrible châtiment.

Peu de princesses furent plus populaires avec les soldats que l'impératrice Elisabeth. Pour gagner leur affection, elle hantait les casernes, où elle passait avec eux une partie des nuits. On a beaucoup vanté son humanité, mais ce n'était qu'une hypocrisie de sa part. Cette femme, à laquelle on supposait un cœur si humain, à cause de quelques grâces qu'elle avait accordées en montant sur le trône, et de quelques paroles d'une trompeuse modération, ne savait pas se faire aimer de ses sujets, auxquels elle préféra constamment les étrangers et les soldats, parce qu'avec les seconds elle s'était élevée au rang suprême, et que par les premiers, elle s'assurait un appui contre ses propres sujets, dont son usurpation la portait sans cesse à se défier : mais, punie par le souvenir même des moyens qu'elle avait employés pour l'exécuter, elle avait continuellement à la bouche cette maxime de la morale naturelle qui la condamnait : *Ne fais à autrui ce que tu ne voudrais pas que l'on te fît à toi-même.* En devenant la plus insupportable despote de la Russie, malgré les belles promesses qu'elle avait faites à son avènement au trône, elle devint à elle-même son propre bourreau; ses favoris qu'elle chérissait le plus lui étaient suspects : au sein des voluptés, Elisabeth, comme un autre Damoclès, voyait un poignard suspendu sur sa tête. Elle ne couchait jamais deux nuits de suite dans la même chambre; ne mangeait jamais à la même heure, et ne voulait point que le public fût instruit de ce qui se passait dans l'intérieur du palais où elle faisait son séjour. Une garde nombreuse et farouche veillait nuit et jour dans les avenues de ce palais, pour en repousser ceux qui s'en approchaient de trop près, ou pour obliger de s'éloigner ceux qui étaient vêtus de deuil. La couleur noire, en rappelant à l'impératrice sa dernière heure, empoisonnait les plus doux momens de sa vie. Un jour, en signant un ordre du cabinet, elle vit tomber une mouche dans son encrier, au moment où elle y plongeait sa plume; elle frémit à ce présage, et la plume lui échappa d'entre les doigts.

La Russie est pourtant redevable à Elisabeth de plusieurs lois sages et humaines. On y distingue celle qui défend aux Russes de maltraiter les étrangers.

Avant de mourir, elle voulut marier le grand-duc Pétrowitz, et lui donna pour épouse Sophie-Auguste d'Anhalt-Zerbst, si célèbre depuis sous le nom de *Catherine-Alexiewna*, qu'elle prit en embrassant la religion grecque. Cette union parut d'abord formée sous les auspices les plus heureux; les jeunes époux parurent épris l'un de l'autre, mais les ravages de la petite-vérole rendirent bientôt Pétrowitz insupportable à la jeune Catherine.

Ce prince, destiné à devenir le souverain d'un vaste empire, avait apporté parmi les Russes les mœurs et les préjugés des Allemands. Plein d'enthousiasme pour Frédéric-le-Grand, roi de Prusse, il affectait puérilement de le prendre pour modèle. Il s'habillait à la prussienne, et exerçait à la prussienne sa garde d'Oranienbaum. D'ailleurs, livré à des compagnons de débauche, il se familiarisa bientôt avec tous ces vices grossiers, ces habitudes crapuleuses qu'on pardonne à peine aux personnes de la plus basse condition. Dépourvu de jugement autant que de fermeté, Pierre ne croyait point s'avilir par une telle conduite, mais seulement manifester son goût pour les mœurs des camps et les usages militaires. Pendant que son imbécille époux s'éloignait ainsi de la dignité nécessaire à un souverain, Catherine s'appliquait à captiver les grands, le clergé et le peuple, et s'était déjà attaché deux favoris, Soltikow et Poniatowski.

Le commencement du règne de Pierre III fut glorieux, et lui rendit la faveur de la nation. Il rappela les exilés condamnés sous le règne précédent, parmi lesquels on distinguait Biron, et Munich, excellent général, qu'Elisabeth avait payé de la plus noire ingratitude pour les grands services qu'il lui avait rendus à la tête de ses armées. Il rendit une ordonnance en faveur de la noblesse ; il abolit ce tribunal d'inquisition, connu sous le nom de

Chancellerie secrète ; il fit plusieurs réformes utiles dans toutes les parties de l'administration, et montra qu'il était digne du trône par une conduite pleine de douceur et d'affabilité, et par une vie sobre et régulière, qui formait un contraste surprenant avec les excès auxquels il s'était livré pendant qu'il n'était que grand-duc. Malheureusement pour lui, cette conduite ne fut pas de longue durée. Bientôt son enthousiasme pour le roi de Prusse éclata sans contrainte ; d'imprudentes réformes lui enlevèrent l'attachement de l'armée ; et la résolution qu'il prit ensuite de répudier Catherine pour épouser sa maîtresse Voronzoff, ne tarda pas à faire éclater la révolution qui lui ôta la souveraine puissance et la vie.

Catherine, instruite du coup qui la menaçait, et d'ailleurs résolue de s'emparer seule de la souveraine puissance, prévint l'exécution du projet de son époux. Les plus grands seigneurs attachés à ses intérêts, tels qu'Orloff, Poniatowski, Rasumoski, Panin, etc., et surtout la princesse d'Aschkoff, femme spirituelle et douée au suprême degré de l'esprit d'intrigue, servaient son ambition, quoique divisés d'affections et d'intérêts, et les régimens des gardes paraissaient disposés à défendre sa cause. La fatalité entraînait Pierre III à sa perte; et quand tout conspirait autour de lui, il méditait de partir pour le Danemarck, sans avoir pris aucune précaution pour mettre sa personne en sûreté. Cependant, un des conjurés venait d'être arrêté par l'indiscrétion d'un des soldats qu'il avait séduits. Cette circonstance hâta l'exécution du complot. Catherine en étant informée, et croyant qu'il n'y avait aucun moment à perdre, se rendit, avec ses amis, du château de Pétershoff à Pétersbourg, et se présenta au quartier des gardes, qui la reconnurent aussitôt pour leur seule et légitime souveraine. Dans ce moment critique, Pierre III ne fit paraître qu'une indigne faiblesse, et l'acte de renonciation que sa femme lui fit bientôt signer, mit le comble à son déshonneur. Catherine ne se crut pas néanmoins hors de tout danger ; et les regrets des troupes et du peuple, manifestés d'une manière peu équivoque, la portèrent, peu de temps après, à s'assurer la couronne par l'empoisonnement de son mari, qu'elle avait fait renfermer dans une forteresse. Après la mort de ce prince, dont le corps fut exposé aux regards publics, le peuple fit éclater sa douleur et son indignation. Les conjurations se formèrent et se succédèrent avec une effrayante rapidité ; et bien des victimes furent immolées à la vengeance de Catherine, mais à l'ombre du mystère.

Précis de l'Histoire de Russie, depuis l'avènement de Catherine II au trône, jusqu'à celui d'Alexandre Ier.

Les premiers actes d'autorité de Catherine furent dictés par la clémence. Douée d'un grand caractère, elle voulut régner seule, et tous ceux qui avaient la prétention de primer dans les conseils, en furent éloignés. A peine l'année de son avènement était-elle écoulée, qu'elle se fit couronner à Moscou avec la plus grande pompe. Ce fut alors que les mêmes régimens qui l'avaient proclamée, conspirèrent contre elle ; mais les coupables ayant été découverts et convaincus, furent condamnés à l'exil.

A peine assise sur le trône, Catherine s'appliqua à la réforme des abus qui s'étaient introduits dans l'administration de la justice ; les procès furent moins longs et mieux jugés. Un acte de justice qui lui fit beaucoup d'honneur, ce fut l'abolition de la torture, coutume barbare qui était encore en vigueur dans plusieurs des états les plus policés de l'Europe. A la même époque, son influence dans les délibérations de la diète polonaise, et surtout son armée, firent élire, après la mort d'Auguste III, son favori Poniatowski, roi de Pologne. C'était un instrument utile, qu'elle préparait pour l'exécution de ses vues ultérieures sur ce grand royaume.

Une nouvelle conspiration fit penser à cette princesse que sa puissance n'était pas encore bien affermie. Pour se débarrasser de tout ce qui pouvait lui donner de nouvelles inquiétudes, elle résolut de se défaire du prince Ivan, détrôné par Elisabeth, qui, renfermé à Schlusselbourg, était devenu pour quelques conjurés l'objet d'une conspiration. A cet effet, elle se rendit en Livonie, et ordonna aux officiers chargés de la garde de ce prince de le faire mourir.

Cependant la Pologne n'était pas tranquille; Catherine voulut profiter des troubles élevés entre les catholiques et les dissidens, et y envoya des troupes qui se cantonnèrent dans les campagnes. Cet acte de violence ne fit qu'augmenter les troubles; la Pologne fut déchirée, le sang fut répandu, et un grand nombre de dissidens, qui avaient cherché un asile dans les états du Grand-Seigneur, y furent poursuivis et inquiétés. La Porte, d'abord indisposée par la fixation proposée des limites de ses provinces et de celles de la monarchie polonaise, et qui n'attendait qu'une nouvelle occasion de déclarer la guerre à la Russie, qui ne cessait de l'outrager, profita de celle-ci, à l'instigation présumée du ministre des affaires étrangères de France. De son côté, Catherine fit pour cette campagne les plus grands préparatifs : elle mit sur pied plusieurs armées, qui marchèrent à l'ennemi depuis Azof, sur la mer Noire, juqu'au Danube. Une flotte nombreuse partit de la mer Baltique, et après une longue traversée, se présenta dans l'Archipel. Cette première campagne fut célèbre par les victoires des princes Galitzin et Prosorowski sur le Dniester. Les Turcs et les Tartares furent battus, et la place de Choczim, en Moldavie, tomba au pouvoir des vainqueurs.

La campagne de 1770 fut illustrée par les exploits du comte de Romanzow. Les Russes firent des prodiges de valeur sous ce général, et remportèrent sur le Danube une grande victoire, où les Turcs, commandés par le grand-visir, qui prit la fuite, laissèrent aux vainqueurs tout leur camp, une nombreuse artillerie et une immense quantité de munitions; quelque temps après, la forteresse de Bender fut prise par le comte de Panin, et la ville d'Akerman, à l'embouchure du Dniester, par le baron d'Igestrom. Cependant, la flotte russe croisait dans l'Archipel, sous le commandement de l'amiral Spiridow, et du contre-amiral anglais Elphinston. Les deux flottes ennemies se rencontrèrent entre l'île de Scio et le golfe de Smyrne. Le vaisseau amiral russe accrocha *la Sultane*, de 90 canons, montée par le capitan-pacha; le feu prend à ce dernier vaisseau, se communique au vaisseau amiral russe, et ces deux énormes bâtimens sautent en même temps. Les Turcs, consternés, se réfugient dans la baie de Tchesmé, où ils sont bloqués par la flotte russe. Elphinston fait préparer quatre brûlots: au milieu de la nuit un combat s'engage; la flotte turque est incendiée par les brûlots, et dans quelques instans réduite en cendres.

L'année suivante, les armées russes se signalèrent contre les Tartares. Dès l'ouverture de la campagne, le prince Dolgorouki força les lignes de Pérékop, entra dans la Crimée, et la soumit en moins d'un mois. Tous ces succès firent concevoir à Catherine les plus hautes espérances; et sans calculer les vicissitudes de la fortune, elle ne se promit rien moins que d'abattre l'empire ottoman, et de chasser les Turcs de l'Europe.

Pendant que les armées russes triomphaient des Turcs, la peste ravageait Moscou, dont le peuple courait en foule invoquer une image placée au-dessus d'une de ses principales portes. Pour empêcher ces rassemblemens, qui augmentaient le fléau au lieu de le diminuer, l'archevêque fit enlever l'image. Alors le peuple entre en fureur, il crie à l'impiété, court à un monastère où le prélat s'était retiré, et le massacre avant que l'autorité ait pu s'opposer à ce crime. Ce trait de barbarie nous donne une juste idée de la sauvage superstition à laquelle la nation russe était livrée à une époque si rapprochée de nous, et où Voltaire et autres philosophes français prodiguaient à l'impératrice les plus basses adulations, aux dépens de l'honneur de leur patrie.

La campagne contre les Turcs recommença au printemps de 1773, malgré les négociations qui avaient été entamées entre les deux puissances; mais elle fut beaucoup moins glorieuse que la précédente, les Russes ayant été obligés d'abandonner le siége de Silistria défendu par l'armée du grand-visir, et de battre en retraite. Ce fut dans cette même année que Catherine, d'accord avec la maison d'Autriche et le roi de Prusse, effectua le premier démembrement de la Pologne; traité que la cour de France aurait dû empêcher, et qui fut signé à Pétersbourg, à la honte de l'ambassadeur de cette puissance, et du ministre français que son devoir obligeait à s'y opposer. Tout souriait à Catherine. Après le démembrement de la Pologne, elle eut encore la gloire de forcer la Porte, par le traité de paix de Kainardgi, à lui accorder la libre navigation sur la Méditerranée et la mer Noire, le passage des Dardanelles, l'indépendance de la Crimée, et la possession d'Azof et de Tangarock. En faisant des conquêtes sur les Turcs, Catherine céda définitivement au Danemarck toutes ses prétentions sur les duchés de Holstein et de Sleswick, sans doute parce que le roi de Prusse mettait obstacle à l'occupation de ces provinces.

Un évènement bien singulier fit dans ce temps-là, et pendant la guerre contre les Turcs, une vive sensation en Russie. Le bruit se répandit qu'une fille de l'impératrice Elisabeth vivait retirée en Italie, où le prince de Radziwil, obligé de quitter la Pologne pendant les troubles, l'avait conduite. Cette jeune personne, nommée aussi Elisabeth, menait à Rome une existence peu brillante, dans la compagnie d'une seule femme. Cependant, la cour de Russie en prit ombrage. Le comte Alexis Orloff, qui se trouvait à Livourne, conçut le projet de la surprendre, et de livrer à sa souveraine cette personne, qui, sans doute, n'avait jamais pensé au trône de Russie. Il se fit introduire auprès d'elle, gagna sa confiance par le vif intérêt qu'il paraissait prendre à sa position, l'invita un jour à une fête qu'il donna sur la flotte, et, par la plus noire trahison, la retint prisonnière, puis l'envoya à Pétersbourg, où elle fut plongée dans un cachot.

Il venait de s'opérer une révolution en Suède, et Gustave III s'était affranchi des bornes mises par le sénat de Stockholm à sa puissance et à celle de ses prédécesseurs. Ce monarque devenait donc pour la Russie un voisin d'autant plus dangereux, que son pouvoir et son ambition allaient éprouver moins d'obstacles de la part du peuple suédois. Catherine s'alarma de ce changement, et fit préparer un armement à Cronstadt; mais le roi de Suède se rendit en personne auprès de cette princesse, pour traiter avec elle des intérêts de leurs couronnes. Il fut reçu avec magnificence et avec toutes les apparences de l'amitié, et on lui fit de riches présens.

La Prusse et l'Autriche étaient sur le point de se faire une guerre sanglante au sujet de la succession de la Bavière, que réclamait la seconde de ces puissanees, et Catherine déclara son intention de secourir la première : mais le cabinet de Versailles, qui était alors en bonne intelligence avec elle, la fit se désister de ce projet : elle fut choisie pour médiatrice avec Louis XVI, et la paix fut conclue à Teschen, en Silésie.

La conduite que tint Catherine pendant la guerre de l'Angleterre avec ses colonies américaines, est ce qui fait le plus d'honneur à sa mémoire. La France, l'Espagne, la Hollande, prirent part à cette grande querelle, et donnèrent de puissans secours aux insurgens : mais les autres puissances européennes, simples spectatrices de cette lutte, ne tardèrent pas à éprouver, dans leur commerce, le despotisme britannique, qui ne respectait pas même les pavillons des neutres. Les villes anséatiques et le Danemarck s'adressèrent à la Russie, qui elle-même avait été outragée. Excitée par le ministère de France, Catherine forma avec elles une confédération navale ou neutralité armée, que l'Angleterre fut obligée de respecter.

Catherine n'avait pas renoncé à son projet de rétablir l'empire d'Orient, soit qu'elle voulût placer sur ce trône son petit-fils, le grand-duc Constantin, ou peut-être son favori Potemkin, dont on prétend qu'elle fit son époux quelque temps après. Elle commença par s'emparer de la Crimée, qui s'était mise sous sa protection, et du Kuban. Le premier de ces pays reprit son ancien nom de *Tauride*, et le second celui de *Caucase*.

Catherine voulut visiter elle-même ces nouvelles conquêtes : pendant ce long voyage, qui eut tout l'air d'un triomphe, elle eut avec Poniatowski, roi de Pologne, et l'empereur Joseph II, des entretiens, où, sans doute, il fut question des plus hauts intérêts de l'Europe. A peine cette princesse était rentrée dans sa capitale, qu'elle apprit le soulèvement de la Crimée et celui du Kuban, et que les habitans de ces deux pays s'étaient joints aux Turcs pour lui faire la guerre : dans le même temps, Gustave III, roi de Suède, se disposait aussi à l'attaquer. Une armée suédoise, commandée par le monarque en personne, passe en Finlande, et une flotte de la même nation se présenta devant le port de Cronstadt, pour le bloquer. Les armes de Gustave furent d'abord heureuses, et peut-être aurait-il humilié l'orgueil de Catherine, si les officiers de son armée avaient fait leur devoir, et n'avaient pas refusé de lui obéir.

Cependant les armées russes remportaient des victoires contre les Ottomans. Dans une bataille livrée sur la mer Noire, la flotte du capitan-pacha fut mise en déroute, et le vaisseau amiral fut brûlé. Le favori Potemkin, qui commandait la principale armée de terre, mit le siége, pendant l'hiver, devant la ville d'Oczakow, la prit d'assaut, et fit périr par le fer et le feu la garnison et une grande partie des habitans. Quarante mille Russes périrent dans ce siége, autant par la rigueur du froid que par la défense opiniâtre des assiégés. A la prise d'Oczakow, succéda quelques années après celle d'Ismaïl, où le général Suwarow fit périr par le feu toute la population de cette ville, et celle de Bender, place importante de la Moldavie. Après avoir duré quatre ans, cette guerre se termina en 1792, par un traité conclu à Iassy entre les plénipotentiaires russes et ottomans. Un peu plus d'un an auparavant, Catherine avait fait la paix avec le roi de Suède.

Devenue tranquille du côté des Turcs, cette princesse voulut profiter des troubles qui agitaient la France et la Pologne, pour consommer l'anéantissement de ce dernier royaume. Elle déclara la guerre aux Polonais, affaiblis par leurs longues divisions. Désespéré de sa ruine prochaine, ce qui restait de ce peuple résolut de vendre chèrement sa liberté : mais que pouvait une armée de cinquante mille soldats de nouvelles levées, contre une armée prusienne réunie à plus de cent mille vieux soldats russes ? Les Polonais firent, dans cette extrémité, des prodiges de valeur sous la conduite de Thadée Kosciusko ; mais et leurs succès et leurs défaites les conduisaient également à leur perte. Irrités par le malheur de leur situation, ils se portèrent à des extrémités envers des Russes qui vivaient paisiblement au milieu d'eux : ce qui irrita au dernier point le vainqueur, fatigué d'une longue résistance ; et lorsque Varsovie succomba, elle fut saccagée, et son faubourg de Prague vit ses habitans égorgés sans distinction de femmes, de vieillards, ni d'enfans. Suwarow, général de l'armée russe, commandait ces atrocités. Kosciusko se battit en héros ; il vit tomber toute son armée, et lui-même, tout couvert de blessures et respirant à peine, devint la proie du vainqueur, qui le fit jeter dans une prison. Ce respectable guerrier ne mourut pas néanmoins, il recouvra la santé ; et lorsque Paul Ier. fut monté sur le trône, il lui rendit la liberté, parce qu'il le considérait plus encore comme un brave officier que comme un ennemi qui n'était plus à craindre.

Ainsi finit le royaume de Pologne, digne d'un meilleur sort. Il fut partagé entre la Russie, l'Autriche et la Prusse. La Russie ne se contenta pas du vaste territoire qui lui était échu. Catherine joignit encore à ses domaines le duché de Courlande, petit état qui lui était avantageux par les excellens ports dont ses côtes sont garnies. Au milieu de ses victoires, cette princesse n'était pas tranquille. La révolution française lui causait de vives inquiétudes; mais ce qui l'affecta le plus, ce fut la conduite du jeune roi de Suède à son égard. Ce monarque s'était rendu à Pétersbourg, dans l'intention d'épouser la grande duchesse Alexandrine Paulowna. Quelques prétentions exagérées de la cour de Russie parurent inadmissibles au conseil de Gustave. Celui-ci partit brusquement de Pétersbourg, et épousa quelque tems après une princesse de Bade. Cependant Catherine dissimula le chagrin que cette étourderie lui causait, et la paix continua entre elle et la Suède.

Catherine venait de commencer une guerre très-coûteuse avec la Perse, sur le bord de la mer Caspienne, lorsqu'une mort inopinée vint la frapper : elle mourut d'un coup d'apoplexie, à l'âge de soixante-sept ans, après un règne glorieux de trente-quatre, dans l'année 1796.

Ce règne est un des plus brillans dans l'histoire des empires. Le caractère de Catherine était plein de force, de grandeur et de fermeté ; elle était humaine et compatissante : douée d'une rare prudence, elle ne se laissa jamais maîtriser par sa vaste ambition au point de se compromettre avec les grandes puissances de l'Europe. Il est vrai que par le premier démembrement de la Pologne, elle attaquait directement les intérêts de la France; elle le savait, et ce fut un grand coup de sa politique, d'endormir la cour de Versailles sur une opération si hardie, et qui devait avoir tôt ou tard sur la situation de l'Europe et sur l'équilibre des puissances la plus redoutable influence.

Il serait trop long d'entrer dans le détail de tout ce que cette princesse a fait pour la civilisation de ses peuples, pour la prospérité intérieure de son empire, et de faire l'énumération de tous les établissemens et de tous les ouvrages dont la Russie lui est redevable. Elle augmenta l'Académie des beaux-arts, fondée par Elisabeth, et établit des prix pour exciter l'émulation parmi ses membres; elle forma un établissement magnifique pour l'éducation de deux cents jeunes demoiselles nobles. Le corps des cadets lui doit plus de solidité et plus d'éclat. Elle créa aussi des écoles de marine, d'artillerie, et un corps de cadets grecs; rien n'échappa à ses vues bienfaisantes. Les tribunaux de justice furent mieux administrés; des maisons d'enfans trouvés devinrent le modèle des établissemens de cette espèce; et de sages règlemens rendirent aux prévenus de crime ou aux criminels le séjour des prisons moins mal-sain et moins pénible. Il faut le dire à la gloire de la France, ce furent les conseils et les écrits des Français les plus distingués par leur sagesse, leur humanité et leur science, qui portèrent la lumière dans le Nord, et ce fut en consultant ces illustres écrivains que Catherine apprit le grand art de régner.

Si ses grandes qualités et l'éclat de son règne lui ont presque fait pardonner la mort de Pierre III, son mari, elle ne put éviter le reproche d'avoir négligé, oublié, pour ainsi dire, et relégué dans une maison de campagne, son fils unique, Paul, l'héritier de sa couronne. On prétend qu'elle aurait bien voulu nommer pour son successeur son petit-fils Alexandre, si elle n'eût pas craint de plonger l'empire dans les plus grands troubles, en privant l'héritier légitime du trône de ses ancêtres.

Voici quelques traits qui feront connaître au juste le caractère de Catherine II.

Malgré le faste et les prétentions de la cour impériale de Pétersbourg, il ne se trouvait pas un seul Russe capable d'enseigner dans sa propre langue l'histoire et la géographie à ses compatriotes. Catherine invita un savant d'Allemagne à se charger de cette besogne. Le professeur arrive et enseigne avec succès; mais il ne sait point faire sa cour ; il ose même contrarier la souveraine qui l'a fait venir dans ses états : celle-ci feint de lui savoir gré de cette franchise; mais bientôt, sans égard pour le mérite de cet homme, elle le prive de la chaire qu'il occupait avec distinction; et parce qu'elle n'a pas été louée, elle ne s'embarrasse plus du progrès des lumières dans son empire. Voltaire fut plus fin courtisan que le savant d'Allemagne : c'est la raison pour laquelle Catherine l'honora long-temps de sa correspondance.

Catherine affichait l'égalité dans l'intérieur de son palais. Les dames de sa cour qui se levaient à son arrivée au salon, étaient condamnées à une amende qu'elle exigeait elle-même et laissait tomber dans un tronc : mais les flatteurs se laissaient taxer. Personne n'était plus aimable que cette princesse : malheureusement, cette amabilité ne s'étendait pas au delà des murs de Pétersbourg. Les jours de cérémonial, elle avait la patience de poser sa main pendant une heure sur un coussin de velours, pour être baisée par le premier venu. Le dernier paysan de ses états pouvait se procurer cette faveur.

En 1782 se fit l'inauguration de la fameuse statue de Pierre-le-Grand. Falconet, artiste français, avait conçu le dessein de l'élever sur un rocher brut, piédestal emblématique qui devait instruire la postérité de l'ignorance et des obstacles qu'avaient eus à surmonter ce premier législateur de la Russie. Cette idée neuve parut sublime, et l'on s'occupa aussitôt de trouver un roc dont la masse et la forme répondissent à la grandeur du projet. Le hasard servit heureusement Falconet : au milieu d'un marais de la Carélie, et non loin d'une baie formée par le golfe de Finlande, on trouva un rocher isolé, élevé au-dessus du sol de vingt-un pieds, et qui en avait quarante-deux de long, sur trente-quatre de large.

On creusa tout autour, et l'on découvrit qu'il ne tenait à aucun autre rocher.

Il semblait presque impossible de mettre en mouvement cette masse énorme du poids de près de 1700 mille kilogrammes, et les plus savans mécaniciens de Pétersbourg ne proposaient que des moyens insuffisans, lorsqu'un simple forgeron proposa de le placer sur des châssis à coulisse très-épais, remplis de boulets de canon, et de le faire haler sur ces boulets avec des cabestans. Ce moyen eut un plein succès, et quoiqu'il y eut onze werstes (un peu moins de trois lieues) du marais à Pétersbourg, quoiqu'il fallût lui faire traverser des hauteurs, des chemins bourbeux, des rivières, et l'embarquer sur la Néva, il arriva heureusement au lieu de sa destination.

Un des côtés du rocher avait été frappé de la foudre, et lorsqu'on voulut y porter le ciseau pour en ôter les parties endommagées, on vit qu'au lieu d'être toute composée de la même matière, la masse n'était qu'une collection de plusieurs pierres précieuses, comme de cristal de roche, d'agathes, de granit, de topazes, de cornalines, d'améthystes. Bientôt les femmes les plus élégantes de Pétersbourg furent parées de bracelets, de boucles d'oreilles et de colliers, dont la matière provenait de cet étonnant rocher. La statue équestre de Pierre-le-Grand est posée sur cet énorme piédestal. Il est vêtu à la romaine et couronné de lauriers. Le cheval qu'il monte paraît s'élancer, les deux pieds de devant en l'air; de ceux de derrière, il foule un serpent de bronze, symbole de l'envie. Ce serpent, en mordant la queue flottante du cheval, en assure l'équilibre.

Le 6 janvier de chaque année, jour de la bénédiction solennelle des eaux, le confesseur de Catherine II rassemblait, par son ordre, les ministres de toutes les communions, et leur donnait un grand festin, que cette princesse appelait *le dîner de tolérance*. En 1783, on vit réunis à ce banquet singulier le patriarche de Géorgie, l'évêque russe de Polotsk, des archi-mandrites grecs, un évêque catholique, un prêtre de la même religion, un prêtre arménien, des franciscains, des jésuites, des pasteurs luthériens, calvinistes et anglicans.

Catherine, au milieu des grandes affaires qui l'occupaient sans cesse, ne négligeait pas l'instruction de ses petits-enfans. Elle-même la dirigeait, et chaque jour elle y consacrait une partie de son temps. L'éducation des jeunes princesses était confiée à la veuve du lieutenant-général de Liéven, femme de beaucoup d'esprit et de mérite; les jeunes princes avaient pour instituteurs des hommes dignes de remplir cette place éminente. L'impératrice composa pour ces princes divers essais d'histoire et de morale, où l'on trouve un abrégé médiocre de l'histoire de Russie. Elle assistait fréquemment à leurs leçons, s'entretenait avec leurs maîtres, et se faisait montrer les cahiers de leurs études, sur lesquels elle faisait ordinairement des notes, adressées soit aux élèves, soit aux instituteurs. Un jour, qu'en leur bsence, elle était entrée dans la salle 'études, et que la leçon avait pour objet : gouvernement de la Suisse, duquel instituteur avait parlé en homme qui ivait apprécier tous les avantages de la berté, elle écrivit de sa main, au bas u cahier : « M. Laharpe, continuez vos :çons de cette sorte; vos sentimens me laisent beaucoup. » Si telle était la façon e penser de Catherine, pourquoi lais-ait-elle plus des trois quarts de ses sujets ans l'esclavage de l'autre quart?

En 1794, tout ce qui put échapper aux usses après leur victoire sur l'armée po-onaise, commandée par Kosciuszko, lla se renfermer dans Prague, faubourg e Varsovie, au delà de la Vistule, et y it poursuivi par le général Souwarow. e siége ne fut pas long. Le lendemain e son arrivée, ce général donna l'assaut, t s'étant rendu maître du faubourg, il t passer au fil de l'épée, non-seulement s soldats, mais tous les habitans, sans istinction d'âge ni de sexe. Vingt mille inocens furent les victimes de cette cruauté. Couvert du sang de ces infortunés, le barbare entra dans Varsovie à la tête de son armée. En apprenant cet horrible succès, Catherine éleva le sanguinaire Souwarow au rang de feld-maréchal.

L'impératrice Catherine II était ordinairement vêtue à la manière russe. Elle portait une robe verte assez courte, qui formait par devant une espèce de veste, et dont les manches étroites descendaient jusqu'au poignet. Ses cheveux, légèrement poudrés, flottaient sur ses épaules, et étaient surmontés d'un petit bonnet couvert de diamans. Dans les dernières années de sa vie, elle mettait beaucoup de rouge, de peur de laisser paraître sur son visage les empreintes de l'âge. Les jours de cérémonie, elle réunissait sur sa personne et dans sa cour, tout ce que l'élégance européenne peut ajouter au faste asiatique. Alors, ses cheveux et sa robe étaient couverts de pierreries, et sa tête était ornée d'une couronne de diamans d'un prix inestimable. Elle portait en sautoir les croix de Saint-Alexandre-Newski, de Saint-Wolodomir et de Sainte-Catherine ; d'un côté elle avait le cordon de Saint-André, et de l'autre celui de Saint-George, avec les brillantes plaques de ces deux ordres, qui sont les premiers de l'empire. Les courtisans des deux sexes s'efforçaient à l'envi d'imiter le faste de la souveraine. Ce luxe, qui consumait de grandes richesses, rendait ainsi la cour de Russie la plus brillante de l'Europe.

Catherine avait formé depuis long-temps le dessein de faire un voyage en Crimée. Elle partit de Pétersbourg le 18 janv. 1787, accompagnée de ses dames d'honneur, de plusieurs courtisans, des ambassadeurs d'Autriche, de France et d'Angleterre. Les traîneaux allaient la nuit comme le jour. Un grand nombre de chevaux avaient été rassemblés à chaque station ; de grands feux étaient allumés à de courtes distances, et une foule immense de curieux bordaient la route. Le sixième jour après son départ, l'impératrice arriva à Smolensko. Quinze jours après, elle fit son entrée à Kioff, ancienne capitale de l'Ukraine, où plusieurs princes polonais, dévoués à la Russie, s'étaient rendus pour lui rendre leurs hommages. On avait fait sauter les rochers qui gênaient la navigation du Dnieper, et cinquante galères, magnifiquement ornées, avaient été préparées pour recevoir Catherine et sa suite. Au commencement du printemps, cette souveraine se rendit à Krémentschouk, et s'y embarqua avec son nombreux cortége.

Le lendemain, la flottille jeta l'ancre vis-à-vis de Kanieff. Le roi de Pologne, qui s'y était rendu sous son ancien nom de Poniatowski, se rendit aussitôt à bord de la galère de l'impératrice. Ces deux souverains ne s'étaient pas vus depuis vingt-trois ans. Quand ils s'abordèrent, Catherine parut un peu troublée; mais le roi de Pologne conserva son sang froid, et parla avec beaucoup d'assurance. Bientôt ils restèrent seuls, et eurent une conférence qui dura une demi-heure; ils passèrent ensuite sur une autre galère, où ils dînèrent ensemble. Satisfait en apparence de l'accueil qu'il avait reçu, Stanislas-

Auguste fit tirer sur les bords du Dnieper un très-beau feu d'artifice; ensuite la flottille continua sa route. A Krémentschouk, Catherine avait logé dans un palais construit exprès pour elle, magnifiquement orné, et à côté duquel on avait planté un très-beau jardin. Elle avait trouvé dans cette ville une armée de douze mille hommes, habillés à neuf, qui lui offrirent une image de la guerre, en manœuvrant sur quatre colonnes avec un bataillon carré de Cosaques.

La route par eau fut encore plus agréable. Les rives du Dnieper étaient couvertes de villages factices, de paysans vêtus avec élégance, et de nombreux troupeaux qui se rendaient par des chemins de traverse dans les endroits où la flottille longeait la plage, et se reproduisaient sans cesse aux yeux de l'auguste voyageuse. La beauté de la saison ajoutait encore à l'illusion de ce spectacle, et tout concourait à changer cette espèce de solitude en un pays délicieux.

L'empereur d'Allemagne, Joseph II,

avait précédé, à Kherson, l'arrivée de Catherine, sous le titre de comte de Falkenstein. Il se hâta d'aller à sa rencontre, et la trouva à Kaïdak. Elle débarqua aussitôt, et se rendit par terre à Kherson : là, Catherine logea à l'amirauté, où l'on avait élevé un trône de la valeur de près de soixante mille francs. Kherson, où l'on avait fait venir des marchandises de Moscou et de Varsovie, paraissait déjà une ville opulente; elle avait plusieurs riches magasins, un port rempli de navires, et des chantiers bien pourvus. On y lança à la mer, en présence de l'impératrice, un vaisseau de soixante-six pièces de canon, et une frégate de quarante. En parcourant l'enceinte de la ville, cette princesse lut, sur la porte du côté de l'orient, une inscription grecque qui signifiait : *C'est ici le chemin de Byzance.*

Il y avait alors à Kherson un grand nombre d'étrangers : on y voyait des Grecs, des Tartares, des Français, des Espagnols, des Anglais, des Polonais. Le favori Potemkin présenta à l'impératrice un Espagnol nommé *Miranda*, qui, forcé de fuir sa patrie, cherchait un asile parmi les Russes, et qui, depuis, est devenu général en France pendant la révolution, et dans ces derniers temps le principal instigateur des troubles de l'Amérique méridionale.

Long-temps avant d'exécuter son voyage en Crimée, Catherine en avait fait prévenir le ministère ottoman. Le divan en parut inquiet, et peu s'en fallut qu'il ne regardât ce voyage comme une déclaration de guerre : il se prépara donc à la résistance, et, tandis que l'impératrice était à Kherson, quatre vaisseaux de ligne turcs et seize frégates vinrent mouiller à l'embouchure du Dnieper. Cet aspect fatigua Catherine, elle ne put contempler ces vaisseaux sans un dépit secret. Les Tartares l'accueillirent beaucoup mieux. Tout à coup, mille de leurs soldats entourèrent les voitures, et leur servirent d'escorte. Joseph II, qui n'avait pas été prévenu de ce qui arriverait, témoigna quelque inquiétude ; mais l'impératrice conserva sa tranquillité.

L'impératrice entra avec pompe dans Batschiserai , et logea avec sa suite dans le palais du kan. Le soir , elle jouit du spectacle d'une montagne qu'on avait illuminée, et qui paraissait toute en feu ; partout on cherchait à flatter ses regards, et elle cherchait à gagner les cœurs. A son retour , elle fut conduite à Pultawa , endroit célèbre par la défaite de Charles XII, roi de Suède. Bientôt on vit paraître deux armées ; elles s'approchèrent l'une de l'autre , combattirent , et lui donnèrent une représentation exacte de la bataille où Pierre-le-Grand remporta la victoire sur le monarque suédois. Catherine dit alors à quelques courtisans qui lui faisaient remarquer une faute de l'armée suédoise : « Voilà donc à quoi tiennent les empires ! sans cette faute , nous ne serions pas ici. »

Ce fut à Moscou que Joseph II se sépara de Catherine, pour retourner dans ses états ; et cette impératrice rentra à

Pétersbourg, après un voyage qui avait duré six mois, et coûté plus de 30,000,000 de francs.

PAUL Ier.

PAUL Ier. avait quarante-trois ans lorsqu'il succéda à sa mère. Dès le commencement de son règne, il fit rendre à la dépouille de l'infortuné Pierre III, les honneurs dont elle avait été privée trente-quatre ans auparavant. Il la fit exhumer du monastère de Saint-Alexandre-Newski; on fit sur elle la cérémonie du couronnement, qui n'avait pas eu lieu; ensuite on la transporta en grande pompe aux tombeaux des empereurs, et on la plaça auprès du cercueil de Catherine. Toute la vengeance que Paul exerça contre ceux qui avaient concouru à la mort de ce prince, fut de leur ordonner d'accompagner le convoi à pied, exposés aux regards de la multitude; de manière qu'en les voyant, chacun pouvait dire : « Voilà les assassins de Pierre III. »

Les premiers actes d'autorité du nouvel empereur furent d'abord un changement total dans l'uniforme et dans les manœuvres de ses troupes. Comme il était, ainsi que son père, grand admirateur des usages militaires et de la tactique de l'armée prussienne, il se hâta d'obliger la sienne à s'y conformer. A ces actes d'autorité en succédèrent d'autres, d'humanité, de clémence et de justice. L'impôt que payaient les paysans en grains ou en farines, fut supprimé ; la liberté fut rendue aux officiers polonais arrêtés et exilés sous le règne précédent. De ce nombre fut le célèbre et brave général Kosciuszko, qui, avant de quitter la Russie, fut comblé des faveurs de l'empereur ; tous ceux enfin qui avaient des plaintes ou des demandes à adresser au souverain, purent les lui faire parvenir : ce qui donna lieu à la répression d'un grand nombre d'abus d'autorité, et à une infinité d'actes de justice.

Un des premiers objets, comme nous l'avons dit plus haut, vers lesquels se porta l'attention de Paul Ier., fut la constitution militaire de son empire. Il enleva leurs priviléges aux régimens des gardes, et les assimila aux régimens de l'armée de ligne. Dès lors, tout militaire, même des plus grandes maisons, se vit obligé, pour parvenir aux grades supérieurs, de passer par les grades subalternes : disposition qui causa beaucoup de chagrin à cette jeunesse qui, auparavant, était pourvue de l'honneur de commander, avant d'avoir appris à obéir.

Quoique l'empereur Paul fût naturellement humain et juste, il se livra néanmoins à des actes qui portaient le caractère d'une cruauté réfléchie ; et jaloux à l'excès de la conservation de ses droits : par la crainte que lui inspiraient les principes des Jacobins, il se livra jusque dans les moindres détails à un despotisme odieux et inquisitorial qui lui attira la haine des premières familles de l'empire. Nous aurions encore beaucoup de choses à dire sur l'administration de Paul, mais les bornes de ce précis nous obligent de rendre compte à nos lecteurs de ses rapports et de sa conduite avec les puissances étrangères.

Malgré les raisons qu'ils avaient de ménager Paul Ier., les Anglais, irrités de l'admiration qu'il manifestait pour la Nation française, malgré les défaites de ses armées en Italie et en Hollande, se permirent contre lui d'amères plaisanteries, et répandirent les plus indécentes caricatures pour tourner ce souverain en ridicule. Paul en conçut un vif mécontentement, et se mit à employer les voies de rigueur contre les Anglais établis dans ses états; de plus, il mit un embargo sur les vaisseaux de cette nation qui se trouvaient dans ses ports. L'Angleterre voulut avoir raison de ces hostilités, et envoya une flotte dans la Baltique. De son côté, Paul Ier. se préparait à envoyer en Perse une grande armée, peut-être pour ébranler dans l'Inde la puissance britannique. Dès lors la mort de ce prince fut résolue, et une conspiration fut tramée contre ses jours par des agens anglais et plusieurs russes de distinction. Pour faire le récit de cette catastrophe, qui étonna et indigna tout à la fois l'Europe civilisée, nous ne pouvons mieux faire que de nous servir des traits et des expressions de M. Damaze de Raymond, dans son Tableau de l'Empire de Russie : car, avant cet écrivain, nous n'avions, sur la mort de Paul Ier., que des renseignemens ou peu certains ou peu étendus, qui laissaient toujours la curiosité en défaut.

« Enfin, le jour fatal arrive. Le 23 mars (1801), l'empereur, qui projetait à cette époque un voyage à Moscou, s'occupa avec tranquillité des apprêts de ce voyage, et parut en public avec une sérénité inaccoutumée : son ame paraissait dégagée de tout soupçon et de toute inquiétude. C'est ainsi, quand une loi inexorable a prononcé l'arrêt du malade agonisant, que ses douleurs s'arrêtent, que l'espoir de la vie ranime son courage, et qu'il lève vers les cieux un regard qui sera le dernier.

« A onze heures de la nuit, vingt conjurés se présentent à une des portes du palais Saint-Michel ; elle leur est refusée : ils objectent un ordre de l'empereur lui-même, et le soldat qui gardait cette porte, trop simple et trop généreux, peut-être, pour voir des assassins sous ces vêtemens brillans et ces décorations qui attestaient les rangs et les dignités, les laisse entrer. Ils montent en silence dans les appartemens de l'empereur. Argamakoff se présente seul au hussard cosaque qui gardait l'antichambre. Celui-ci l'arrête : *L'empereur repose*, dit-il. — *Le feu est à la ville*, répond Argamakoff, *je dois l'éveiller ;* et à ces mots il passe outre. Le Cosaque voit arriver les autres, crie : *trahison !* et tombe percé de coups.

« Surpris dans son sommeil, l'empereur saute de son lit, veut fuir, et manque l'issue secrète qu'il cherchait ; mais, saisissant une épée, il se tourne courageusement vers les conjurés : *Quel est ton dessein?* demande-t-il à Zuboff qui s'offre à sa vue ; *que veulent ceux qui t'accompagnent ?* — *Que tu descendes du trône*, répond le scélérat, et il veut lire un acte d'abdication. — *Eh quoi! Platon*, dit l'empereur, *toi que j'ai comblé de mes bienfaits!...* — *Tu n'es plus notre maître*, réplique Zuboff; *la nation t'a donné Alexandre pour successeur.* Paul s'indigne, et lève son épée sur lui. Les conjurés étonnés de son courage s'arrêtent. L'anglais Beningston frémit et s'écrie : *Si vous balancez, vous êtes perdus!* Ranimés par cette voix infernale, enhardis par l'exemple de Zuboff, qui porta le premier coup sur son souverain, tous ensemble se précipitent sur lui, l'accablent. Il tombe sans défense et implore leur pitié; c'est vainement, ils frappent encore : l'injure, l'outrage, lui sont prodigués; on le traîne, on le mutile. La nuit voilant de ses ténèbres une partie de ces horreurs, semblait exalter leur férocité; enfin, pour achever leur victime, dont les cris aigus ont troublé le palais, les assassins lui passent une écharpe autour du cou.... elle expire. »

Ainsi tomba sous les coups de quelques lâches assassins Paul Ier., digne d'un meilleur sort. Il se montra toujours un des plus fermes appuis de S. M. Louis XVIII, et fit les plus grands efforts pour replacer sur le trône de France l'illustre Maison de Bourbon.

Précis de l'Histoire de Russie, depuis l'avènement d'Alexandre Ier. jusqu'au passage du Niémen par l'armée française.

Alexandre, fils aîné de Paul Ier., prit possession du trône impérial après la mort de son père. Son caractère, bien différent de celui de son prédécesseur, promettait le bonheur à la Russie, et l'on attendait tout d'un jeune prince sur l'enfance duquel Catherine, son aïeule, avait veillé d'une manière toute spéciale, et à l'éducation duquel cette souveraine avait consacré tous les momens de loisir qu'elle pouvait dérober aux soins qu'exigeait l'administration de ses vastes états. Cet espoir ne fut pas trompé, et Alexandre a réalisé dans les derniers évènemens politiques les espérances flatteuses que l'on avait conçues de lui.

Paul avait haï les Français tant qu'ils s'étaient montrés les ennemis des institutions monarchiques, du bon ordre et d'eux-mêmes ; mais il démentit par la suite son caractère loyal, et entraîné sans doute par des raisons politiques, il devint l'ami d'un gouvernement auquel il avait voué une haine implacable. Son fils ne suivit pas un tel exemple, et méditait déjà la noble entreprise de délivrer la France, lorsque la paix d'Amiens vint mettre un terme à la guerre qui désolait les mers depuis dix ans : alors un ambassadeur russe vint à Paris avec des intentions pacifiques. Mais, bientôt obligé de quitter la France, il ne laissa pour le remplacer qu'un simple chargé d'affaires. Dès-lors, il s'établit entre les deux cabinets une froideur, présage certain des dispositions peu amicales de celui de Pétersbourg.

La paix d'Amiens ne fut pour l'Angleterre qu'une trève. Elle cessa donc un an après avoir été conclue, pour faire place à de nouvelles hostilités. En rentrant dans la carrière des combats, la Grande-Bretagne forma le projet d'une nouvelle croisade contre la France, et elle entraîna vers sa cause l'empereur François II et Alexandre Ier. Encouragé par la promesse d'un puissant secours de la part de la Russie, l'empereur d'Allemagne se détermine à déchirer le traité de Lunéville, et fait marcher ses troupes vers le Rhin.

Partout les armées de l'Autriche, enveloppées, coupées, dispersées, cédèrent à la valeur française. De semblables défaites attendaient les soldats russes, qu'une longue marche avait empêchés de se présenter plutôt sur le théâtre des batailles. Quoique nombreux, intrépides et fiers de leur vieille renommée militaire, ils ne peuvent résister aux puissantes combinaisons de nos généraux et au courage de leurs compagnons d'armes. Attaqués, chassés à Amstetten, ils sont contraints, après une perte considérable, de chercher leur salut dans une retraite précipitée. Bientôt, à Dirnstein, quatre mille Français se font jour à travers trente-six mille Russes, étonnés d'une si rare intrépidité. Cette action présenta un spectacle d'acharnement presque inoui dans les batailles modernes. Quand les soldats eurent épuisé leurs cartouches, ils combattirent à coups de crosses, de pieds, de poings et de pierres.

Mais ce fut sur le champ de bataille d'Austerlitz qu'Alexandre vit s'éclipser, d'une manière bien déplorable, la renommée de ses phalanges et la gloire de ses généraux. Alexandre, au lieu d'imiter l'empereur François, n'accéda point à la paix de Presbourg, et refusa de ratifier celle qui, l'année suivante, avait été signée à Paris par son ministre plénipotentiaire, M. d'Oubril. L'inimitié de ce jeune souverain, entretenue par son cabinet et dévoué à la cause britannique, crut sa gloire intéressée à une nouvelle coalition. Ainsi, à peine une année s'était écoulée depuis le désastre de son armée à Austerlitz, qu'il forma une alliance hostile contre Napoléon avec l'Angleterre, la Prusse et la Suède.

Cette nouvelle campagne fut encore plus malheureuse pour les Russes que la précédente. Partout où ils voulurent se mesurer contre les Français, ils furent vaincus. Pulstuk, Golymin, Eylau, Friedland, virent successivement leurs bataillons renversés par les baïonnettes ou par l'artillerie française. Tant de défaites ouvrirent les yeux à Alexandre; il vit la monarchie prussienne renversée, et ses soldats découragés, réduits à l'impuissance d'empêcher l'armée victorieuse de traverser le Niémen, et de porter la guerre jusque dans le cœur de son empire. Il demanda la paix; et, dans une conférence qu'il eut au milieu du Niémen, il dut se convaincre de quelle importance était pour la Russie l'amitié de la Nation française. Enfin, ce prince obtint à Tilsitt une paix telle qu'il aurait pu la désirer s'il eût remporté des victoires. Non-seulement il ne paya aucuns frais de la guerre, mais ses possessions furent encore augmentées par la cession d'une partie de la Pologne prussienne ; la possession de la Moldavie et de la Valachie lui fut garantie contre l'empire ottoman; il eut la liberté d'exercer toute son influence dans la Servie, depuis six ans en insurrection contre la Porte, et même, il put faire des préparatifs pour l'invasion de la Finlande suédoise. Pour tant d'avantages, on ne lui imposa dans le traité qu'il conclut à Tilsitt, que des conditions indispensables alors pour la sûreté de l'Europe ; savoir, une rupture entière avec la Grande-Bretagne, et l'interdiction de tous les ports de son empire aux vaisseaux et au commerce de cette dominatrice des mers. Alexandre accepta des conditions si modérées, et la paix entre les deux plus grandes puissances de l'Europe fut signée dans la ville de Tilsitt, sur les bords du Niémen.

Débarrasé d'une guerre où il n'avait éprouvé que des désastres, le monarque russe fut libre d'envoyer de plus grandes forces contre les Ottomans, et de faire entrer une armée nombreuse dans la Finlande suédoise pour la subjuguer. La victoire, quand il n'eut plus à combattre contre des armées françaises, se réconcilia avec ses drapeaux. La Moldavie et la Valachie tombent en son pouvoir ; et le sultan, effrayé dans son sérail, semble prévoir la chûte prochaine du croissant. Heureusement pour lui, le Danube, et ensuite le Mont-Hémus sont de puissantes barrières pour le vainqueur, et le camp retranché de Schumla devient comme un rempart inexpugnable, au pied duquel viennent expirer et sa fierté et sa valeur. Dans le même temps, il soumettait la Finlande, cette belle province, l'un des plus beaux fleurons de la couronne de Suède, et ce grand succès était la cause de l'expulsion de Gustave IV du trône de ses aïeux.

Près d'une année et demie s'était écoulée depuis la paix de Tilsitt, lorsque la Maison d'Autriche, voulant profiter des troubles de l'Espagne, et du séjour d'une rmée française dans ce royaume, arma outes ses milices, vint fondre sur la Bavière, et menaça les états de la Confédération du Rhin et l'Italie d'une invasion aussi générale qu'inattendue. Comme l'empereur de Russie était uni avec la France, pour la guerre et pour la paix, des troupes russes durent se rendre sur le théâtre de la guerre pour seconder l'armée française, qui en un clin d'œil aurait cerné, coupé, dispersé les phalanges autrichiennes; mais, soit la longueur des marches, et la grande distance qu'elles avaient à franchir, soit toute autre cause, la guerre était presque terminée lorsqu'elles arrivèrent sur les frontières de la Galicie, comme pour ne faire autre chose que prendre possession de cette province, presque sans avoir tiré l'épée. Le Gouvernement français tint néanmoins sa promesse, et l'Autriche perdit par le traité de Vienne un district peuplé de quatre cent mille ames, dont les Russes prirent possession, dans le même temps que l'empereur François devenait le beau-père de Bonaparte. Un si grand accrois-sement de territoire et de puissance devait sans doute lier de plus en plus le cabinet de Pétersbourg aux intérêts de celui des Tuileries, qui laissait nos deux plus anciens alliés, la Suède et l'empire Ottoman à la merci d'Alexandre. On avait donc raison d'exiger de ce monarque la plus scrupuleuse exactitude à se conformer au traité de Tilsitt, quant aux dispositions relatives à l'Angleterre.

Les communications de la Russie avec l'Angleterre furent plus secrètes qu'auparavant, mais n'en furent pas moins réelles. L'industrie anglaise trouva des débouchés dans les ports de cet empire : des agens anglais intriguèrent à Pétersbourg. Quand toute l'Europe, et la Prusse elle-même, si fatiguée de la guerre précédente, proscrivaient le commerce britannique, et quand la France était obligée d'entretenir des forces nombreuses sur ses côtes et sur celles de la Hollande et de l'Allemagne, pour en écarter les bâtimens de nos ennemis, les ports du golfe de Finlande reraient tout ce qui ailleurs était proscrit: n plus, le commerce français, gêné : des prohibitions sans nombre établies : les frontières russes, s'étonnait d'une iation où la guerre paraissait le placer in plus que la paix. Il n'est pas de notre sort d'entrer dans les griefs que Bonarte a pu avoir contre le monarque de ssie; nous dirons seulement que les upes que celui-ci assemblait depuis elques mois sur les frontières du grand ché de Varsovie, exigeaient que les ançais se missent en mesure pour se éparer à tout évènement, ou pour conindre des forces si menaçantes et qui rtaient l'alarme dans les royaumes et tres états limitrophes, à se dissoudre à se retirer à une distance capable de inquilliser les princes ou alliés ou amis la France.

Lorsque Bonaparte forma le dessein de mmencer la guerre contre la Russie, il se dissimula point les difficultés et les stacles qu'il aurait à vaincre; mais, ein de confiance dans la valeur de ses troupes, il s'occupa plusieurs mois d'avance à faire des préparatifs, et à rassembler la plus grande armée qui, depuis plusieurs siècles, eût obéi aux ordres d'un seul homme. Car, les guerriers des extrémités de l'Italie, des provinces Illyriennes, et des plaines de l'Autriche, se réunirent sous ses drapeaux, comme les nombreux bataillons français; ainsi que les Wurtembergeois, les Bavarois, les Westphaliens, les Saxons, les Prussiens et les Polonais.

Lorsque Bonaparte apprit que toutes ses troupes, ainsi que celles de ses alliés, s'étaient rendues à leur destination, et n'attendaient plus que ses derniers ordres pour commencer la guerre, il partit de Saint-Cloud le 9 mai 1812, et se rendit à Dresde avec l'impératrice. L'empereur de Russie se trouvait alors à Wilna, en Lithuanie, où Bonaparte lui envoya faire des propositions qui décélaient un manque total de franchise et de bonne foi. Alexandre refusa d'y accéder. Bonaparte, qui avait quitté Dresde, et s'était rendu à on quartier-général de Gumbinnen, onna l'ordre à tous les corps de la grande rmée de passer le Niémen. La proclanation suivante, remplie de jactance et le manie prophétique, fut aussitôt mise l'ordre du jour, et lue en présence de ous les soldats.

« Soldats !

« La seconde guerre de la Pologne est « commencée; la première s'est terminée « à Friedland et à Tilsitt. A Tilsitt, la « Russie a juré éternelle alliance à la « France, et guerre à l'Angleterre. Elle « viole aujourd'hui ses sermens ! elle ne « veut donner aucune explication de son « étrange conduite, que les aigles fran« çaises n'aient repassé le Rhin, laissant « par là nos alliés à sa discrétion.

« La Russie est entraînée par la fatalité. « Ses destins doivent s'accomplir. Nous « croit-elle donc dégénérés ? ne serions« nous donc plus les soldats d'Austerlitz ? « Elle nous place entre le déshonneur et « la guerre. Le choix ne saurait être dou-

« teux. Marchons donc en avant ! pas« sons le Niémen ; portons la guerre sur « son territoire. La seconde guerre de la « Pologne sera glorieuse aux armées fran« çaises, comme la première ; mais la « paix que nous conclurons portera avec « elle sa garantie, et mettra un terme à « la funeste influence que la Russie a exer« cée depuis cinquante ans sur les affaires « de l'Europe. »

Cette proclamation ranima encore davantage l'ardeur de nos soldats, qui brûlaient d'impatience de mettre pied sur la rive opposée, et n'attendaient que le dernier signal pour s'y précipiter à l'envi les uns des autres. Le 23 juin, à deux heures du matin, Bonaparte arriva près de Kowno, et visita les bords du fleuve, seul avec le général du génie Haxo. Après avoir pris connaissance des passages les moins périlleux, il fait, à l'entrée de la nuit, jeter plusieurs ponts sur le fleuve, et toute l'armée le traverse, malgré quelques détachemens de cosaques qui prirent la fuite à notre approche.

La nouvelle en fut portée à l'empereur de Russie, qui depuis quelques mois résidait à Wilna. Ce qu'il avait de troupes dans cette partie de son territoire n'osa attendre les Français; et après quelques coups de canon, les Russes s'étant retirés, il nous fut aisé de nous emparer de Wilna, et de pousser notre marche jusqu'à la Dwina. Ces progrès de notre grande armée, dont tous les corps s'appuyaient les uns sur les autres, mirent un grand désordre dans celle des Russes, dont plusieurs corps furent coupés du centre de leurs opérations, et contraints d'errer pendant plusieurs jours, toujours harcelés, toujours poursuivis par des colonnes nombreuses détachées contre eux. Le prince Bagration, à la tête d'un corps de quarante mille hommes, fut obligé de se replier malgré lui vers le Borysthène, et le général Doctorow se retira avec vingt mille hommes sur la Dwina.

La prise de Wilna, et cette fuite de différens corps de l'armée russe qui avaient perdu leurs plus riches magasins, ranimèrent dans l'ame des Polonais l'espoir de leur indépendance et le désir de se venger. Dans une confédération générale qui se tint à Varsovie, les Polonais furent invités au nom de la patrie à prendre les armes, et à tout entreprendre pour se soustraire à la domination moscovite.

Les Français ne pouvaient s'arrêter dans Wilna. Il fallut poursuivre l'armée russe qui, dans sa marche incertaine, ne savait où se diriger pour échapper au torrent qui menaçait de l'engloutir. Le roi de Naples mit en pièces la cavalerie qui formait son arrière-garde. L'ennemi veut tenir bon à la tête des ponts qu'il occupe, et le général Montbrun fait avancer cinq batteries d'artillerie légère, qui, pendant cinq heures, ne cessent de lui porter le carnage et la mort; et, par cet exploit, notre avant-garde est sur la Dwina. D'un autre côté, notre cavalerie passait la Driana, et culbutait six escadrons de hussards et de dragons russes. Trois jours auparavant, le général des Cosaques s'était enfui de Grodno avec six mille soldats. Le prince d'Eckmühl entrait à Minsk, et chassait devant lui Bagration. Le roi de Westphalie s'emparait de Nowogrodek ; le général Régnier arrivait à Slonim ; le baron de Colbert à Vilcika, où il s'emparait d'une grande quantité de provisions de bouche ; et le prince de Schwartzenberg, à la tête du corps d'armée autrichienne, passait le Bug, et chassait les Russes devant lui.

Ce fut alors que, dans toute la Pologne, l'aigle blanche fut arborée. Les ministres des autels, les grands et les nobles, les habitans de la campagne et les femmes même partageaient le même enthousiasme. Déjà, la Lithuanie avait fourni à l'armée française six régimens d'infanterie et quatre de cavalerie ; et, tandis qu'elle rentrait dans ses droits, le maréchal duc de Tarente s'emparait de la capitale de la Samogitie, une des plus belles et des plus fertiles provinces de la Pologne, et continuait à se rendre maître du reste du pays, les Russes n'osant tenir contre des bataillons prussiens qui les poursuivaient.

L'aile droite de l'armée rivalisait de bravoure avec la gauche, et obtenait de pareils succès. Le prince d'Eckmühl, après avoir pris la ville de Minsk, s'emparait de la place forte de Borisow, sur la rivière de Bérésina ; et le général Latour-Maubourg se rendait maître de Mir, après un combat contre l'arrière-garde ennemie, où les Polonais, quoique inférieurs en nombre, mirent en fuite la cavalerie russe composée de plusieurs milliers de Cosaques.

Cependant, l'empereur Alexandre se retirait à Witepsk, et son armée traversait en fuyant un espace de quatre-vingts lieues ; mais Witepsk allait éprouver le sort des autres places fortes, et Smolensk devait trembler pour elle-même. Il se porta donc sur la Dwina avec sa grande armée, qui était harcelée dans sa retraite par le général Sébastiani, et sur son flanc gauche par le maréchal duc de Reggio, qui, s'étant emparé de Dunabourg, marcha sur Dronie. Se voyant forte de plus de cent mille hommes, dans le camp retranché de Drissa, et venant d'obtenir un léger avantage sur la cavalerie du général Sébastiani, on devait croire qu'elle y attendrait l'armée française pour lui livrer bataille. Ainsi, Bonaparte marcha pour la forcer dans ses retranchemens; mais elle ne l'attendit pas, et elle évacua son camp, dont les ouvrages furent détruits. L'armée française ne trouvant plus d'obstacle pour l'arrêter dans sa marche, alla s'emparer de Polotsk. Dans le même temps, le prince d'Eckmühl s'approchait de Mohilow, et après avoir exterminé deux mille hommes qui formaient la garnison de cette ville, il s'en rendit maître, malgré les Cosaques du prince Bagration dont le corps d'armée souffrit prodigieusement dans un combat livré près de cette ville.

Combat d'Ostrowno.

Le 26 juillet, à deux lieues en avant d'Ostrowno, deux divisions de cavalerie aux ordres du général Nansouti, et le huitième régiment d'infanterie légère, rencontrèrent l'armée russe. Le combat s'engagea. Malgré le feu de son artillerie, l'ennemi ne put enfoncer nos colonnes. Sa cavalerie et son infanterie furent culbutées à la suite de plusieurs charges brillantes, et on lui enleva ses batteries. Le lendemain 27, son arrière-garde fut attaquée, et chassée à la baïonnette des fortes positions qu'elle occupait, et des bois qui les protégeaient.

Non contens de ces pertes, dix mille cavaliers de cette même arrière-garde osèrent se montrer à nos troupes le lendemain au lever du soleil. Ils étaient placés en échelons dans la plaine, ayant leur droite appuyée à la Dwina, et leur gauche à un bois garni d'infanterie et d'artillerie. Alors, quel trait pour l'histoire ! quel prodige de valeur ! deux compagnies de voltigeurs, en tout deux cents hommes, se détachant du corps qui pouvait les soutenir, suivent les bords du fleuve, et marchent contre cette masse de cavalerie qui s'avance pour les envelopper. Déjà on ne s'attend plus à les revoir ; mais ces intrépides soldats se réunissent, se resserrent, et, pendant une heure, investis de tous côtés, font face à toute cette cavalerie russe, dont plus de trois cents hommes sont étendus sur la poussière, et donnent le temps à notre cavalerie de se montrer toute entière dans la plaine. Bientôt toutes les positions de l'ennemi sont enlevées, et on le rejette à une lieue au delà d'une rivière. Les Russes voyant fuir leur arrière-garde, déployèrent dans cet espace une armée de quinze mille cavaliers et soixante mille fantassins.

On crut d'abord que l'ennemi avait intention de livrer bataille le lendemain ; mais ce déploiement de tant de forces n'était qu'une vaine parade, puisque le jour suivant, il effectua dès le grand matin sa retraite sur Smolensk, laissant le reste à la disposition de notre armée.

Quelques jours après, la seule division Legrand soutint tout l'effort de l'ennemi dans un combat qui eut lieu près de Sébei ; mais le lendemain 31 juillet, l'armée russe comptant sur la supériorité de ses forces, se porta sur la Drissa, derrière laquelle le duc de Reggio prit position, et fit masquer une batterie de quarante pièces de canon. Le général russe n'hésita pas, le 1er. août, de faire passer la rivière à son armée; mais à peine quinze mille hommes l'avaient traversée avec quatorze pièces de canon, que le duc de Reggio fit démasquer cette terrible batterie qui les écrasa du feu de sa mitraille, pendant plus d'une demi-heure. Deux divisions marchèrent en même temps sur eux au pas de charge, et la baïonnette en avant; le carnage fut affreux, et de ces quinze mille hommes, la moitié fut prisonnière, tuée ou noyée.

Après ces trois combats, l'armée prit ses cantonnemens aux environs de Witepsk, et s'y refaisait de ses fatigues; mais le 8 août, douze mille hommes de cavalerie ennemie se portèrent sur le village d'Inkovo, qui était occupé alors par une partie de la cavalerie du roi de Naples, sous les ordres du général Sébastiani. Cette division fut obligée de battre en retraite, ne pouvant tenir contre des forces si supérieures ; mais elle ne recula que d'une demi-lieue dans toute la journée, en faisant éprouver à l'ennemi une perte égale à la sienne. Deux jours après, on forma le projet de s'emparer de Smolensk où l'ennemi s'était retiré ; et, dans la nuit du 13 au 14, deux ponts furent jetés sur le Borysthène, à l'embouchure de la Bérézina. L'armée russe, déjà partie de Smolensk, et frappée de terreur, ne savait où diriger sa marche. Tout était en mouvement dans le centre de la grande-armée. Le quartier-général fut porté à Rasasna, où trois ponts furent encore jetés sur le Borystène. Après plusieurs combats partiels, dont toute la gloire fut encore pour la France, notre armée marcha en avant, et se montra, le 16, en bataille sur les hauteurs de Smolensk.

Prise de Smolensk, et embrâsement de cette ville.

Smolensk, appelée par les Russes *la*

clef de Moscou, avait une enceinte de murailles de près de deux lieues de tour, de 10 pieds d'épaisseur et de 25 pieds de hauteur, flanquées de tours de distance en distance, et armées en plusieurs endroits de canons de gros calibres. L'armée française resta en observation pendant la moitié de la journée du 17. On voyait, sur la rive droite du Borysthène, les corps ennemis qui avaient été tournés, revenir sur leurs pas avec précipitation pour défendre une ville d'une si grande importance, et à laquelle l'empereur Alexandre attachait tant de prix, qu'il avait réitéré à ses généraux l'ordre de combattre pour elle jusqu'à la dernière extrémité, fût-on même forcé de livrer bataille. La garnison de Smolensk était de trente mille hommes, et soixante mille autres, reste de l'armée russe, se formaient sur la rive droite du fleuve, vis-à-vis la ville, et à laquelle ils communiquaient par trois ponts. Il était deux heures du soir, et l'ennemi restait tranquille, malgré une fusillade qui, dès le matin, se soutenait sur toute la ligne.

Napoléon voyant qu'il se fortifiait dans Smolensk, et qu'il refusait la bataille, ordonna au prince Poniatowski de faire un changement de front, de porter sa droite sur le Borysthène, et d'occuper un des faubourgs par des postes et des batteries, pour intercepter, en détruisant le pont, la communication de la ville avec la rive droite. Le prince d'Eckmühl, de son côté, eut ordre d'attaquer deux faubourgs retranchés à deux cents toises de la place, et dont chacun était défendu par sept à huit mille hommes d'infanterie, et des pièces de canon de gros calibre. Le général Friant acheva l'investissement, en appuyant sa droite au corps du prince Poniatowski, et sa gauche au centre commandé par le prince d'Eckmühl.

Ces dispositions ainsi faites, les Cosaques furent bientôt chassés par la division de cavalerie du comte Bruyères, qui s'empara du plateau le plus voisin du premier pont. Une batterie de soixante pièces de canon qu'on y établit, ne tarda pas à foudroyer l'infanterie russe qui occupait la rive droite du fleuve, et qui abandonna sa position. Pour faire cesser le feu de cette batterie épouvantable, l'ennemi en fit établir deux de vingt pièces de canon, dans un couvent ; ce qui n'empêcha pas la communication avec la rive droite d'être extrêmement difficile pour le passage d'une armée, ou même d'un simple corps de troupes.

L'ennemi avait encore deux faubourgs retranchés à deux cents toises de la place. Celui de droite fut attaqué par le général Morand, celui de gauche par le général Gudin ; et cette double attaque, commencée par une longue canonnade et suivie d'une courte fusillade, fut terminée par la baïonnette. On enleva les deux faubourgs ; et les soldats commis à leur défense, se retirant par le chemin couvert, éprouvèrent une perte considérable. Il restait aux Russes une position hors de la ville, sur la gauche de notre armée. Le duc d'Elchingen s'en rendit maître, et poursuivit les fuyards jusques sur le glacis.

Après les faubourgs, il fallut attaquer le corps de la place. A six heures du soir, trois batteries furent élevées contre les murailles. L'ennemi qui occupait les tours fut contraint de les abandonner, pour échapper aux flammes que les obus y avaient allumées, et ses chemins couverts lui étaient fermés par des batteries d'enfilades. La résistance fut des plus vives. Les quatre divisions de l'armée russe venaient d'être renforcées par deux divisions et deux régimens d'infanterie de la garde envoyés de la rive droite. Ce renfort fit que l'ennemi resta dans la ville plus de la moitié de la nuit, quoiqu'elle fût toute en feu, que les batteries tirassent sans interruption, et que deux compagnies de mineurs fussent attachées aux murailles. Les tourbillons de flamme et de fumée qui s'élevaient du sein de cette ville embrâsée, formaient un spectacle douloureux et bien affligeant pour des soldats accoutumés à faire la guerre avec tous les égards dus à l'humanité. Ce fut à une heure après minuit que l'armée russe, désespérant de sauver une place qu'elle voyait tomber en ruine, en sortit pour aller sur la rive droite du fleuve rejoindre les divisions qui attendaient le sort de la bataille. A deux heures du matin, les grenadiers français, ignorant le départ des Russes, montèrent à l'assaut; et n'éprouvant aucune résistance de la part des assiégés, ils reconnurent en escaladant les remparts qu'on les avait laissés maîtres de la ville.

Les Russes perdirent dans cette bataille plus de quatorze mille hommes, tués, blessés, ou faits prisonniers; et les Français n'en eurent que sept cents de morts, et tout au plus trois mille deux cents blessés. Ils s'emparèrent de deux cents pièces de canon et mortiers de gros calibres. Smolensk, devenue la proie des flammes, Smolensk, une des villes les plus considérables de la Russie, renfermait d'immenses magasins de toute espèce qui auraient été d'une grande ressource pour l'armée, sans l'incendie qui la consuma. Dans l'état déplorable où elle était après cette horrible catastrophe, elle offrait encore cependant plusieurs avantages relativement aux opérations militaires ; et la fertilité de ces cantons pouvait donner abondamment à l'armée française des subsistances et des fourrages.

Le lendemain de cette victoire, on arrêta le progrès des flammes, et l'on s'empressa de rétablir les ponts du Borysthène que les Russes avaient brûlés dans leur retraite. Notre armée se mit à leur poursuite.

Victoire remportée à Polotsk.

Cependant, le duc de Reggio remportait à Polotsk une victoire sur le général Wittgenstein, qui s'était renforcé de douze bataillons tirés de la garnison de Dunabourg. Informé de cette circonstance, et voulant attirer l'ennemi en deçà d'un défilé situé sous Polotsk, il rangea en bataille, et en avant de cette ville, les deuxième et sixième corps d'armée. Il y fut suivi par le général Wittgenstein, qui l'attaqua le 16 et le 17 août, et fut vigoureusement repoussé. Les Bavarois, commandés par le général De Wrede, se signalèrent dans ces deux combats. Le duc de Reggio, qui voulait profiter de sa victoire en poussant les vaincus contre ce défilé, reçut malheureusement une dangereuse blessure à l'épaule. Le lendemain 18, le général Gouvion-Saint-Cyr, qui commandait en sa place ces deux corps d'armée, prit ses mesures pour attaquer les Russes à quatre heures après midi. A une heure, il fit filer les équipages de l'armée sur la rive gauche de la Dwina et sur le chemin d'Oula. Il feignit de faire couvrir ce mouvement par des troupes qui, depuis la veille, avaient repassé sur la rive gauche.

Cette colonne d'équipages avait filé en présence de l'ennemi sur les trois heures du soir. Les troupes qui les protégeaient, avec une division de cuirassiers et une brigade de cavalerie légère, repassèrent la Dwina, et rentrèrent à Polotsk avec une très-grande partie de l'artillerie. Environ vers les cinq heures, l'attaque commença par un grand feu d'artillerie, et nos colonnes s'élancèrent pour tomber sur la gauche et le centre de l'ennemi. La division bavaroise, débouchant par la droite du village de Spos, attaqua vigoureusement les Russes. Les Bavarois, aux ordres du général Deroy, débouchèrent par le même endroit. La division Legrand, à gauche, étoit jointe à celle du général Vernier, qui avait une brigade qui observait la droite de l'ennemi. La division Merle couvrait le front de Polotsk et une partie du revers.

Les Russes comptant sur leurs forces, et soutenus par cent pièces de canon, tinrent fermes, quoique surpris, et montrèrent beaucoup de sang froid; mais leur aile gauche fut entièrement défaite avant la nuit, leur centre était en pleine déroute, malgré l'acharnement qu'ils avaient mis à défendre leur position. Heureusement pour eux qu'ils s'étaient placés près des bois; on leur eût fait, sans cela, un grand nombre de prisonniers, quand ils abandonnèrent le champ de bataille où ils laissèrent un nombre considérable de morts et de blessés, avec vingt pièces de canon.

Les Bavarois firent paraître dans cette affaire une valeur au-dessus de tout éloge; mais les Français y perdirent leur vieux et brave général Deroy, qui eut en mourant la consolation de recevoir les témoignages les plus glorieux de l'admiration et de l'estime de l'armée entière.

Combat de Valontina.

Les Russes, après avoir quitté Smolensk et repassé le Borysthène, dirigèrent leur marche sur Moscou, prenant les positions qu'ils croyaient les plus propres à arrêter les progrès de l'armée française; mais on ne leur donna pas le temps de se retrancher pour attendre des secours. Le 19, le maréchal duc d'Elchingen passa sur la rive droite du Borysthène, et les poursuivit. A peine eut-il fait une lieue, qu'il rencontra le dernier échelon de leur arrière-garde, fort de cinq à six mille hommes, et posté sur des hauteurs. On les attaque à la baïonnette; ils ne peuvent nous résister, abandonnent leur position, et laissent le champ de bataille couvert de morts, et près de quatre cents prisonniers en notre pouvoir. Alors, ils se retirent sur les hauteurs de Valontina, auprès de leur second échelon; on les y poursuit, et cette nouvelle position leur est enlevée. Peu de temps après, et vers les quatre heures du soir, toute l'arrière-garde ennemie, composée d'environ quinze mille hommes, se présente pour nous combattre.

Elle se trouvait déjà engagée par une vive fusillade, quand quatre divisions s'avancèrent pour la soutenir. Près de six mille hommes de cavalerie défendaient aussi leur droite, et des bois garnis de tirailleurs couvraient leur gauche. Cette position était fort belle, et paraissait inexpugnable; mais l'armée française avait besoin de l'enlever pour accélérer la retraite des Russes, et s'emparer des chariots qui transportaient les blessés et tous les équipages.

A six heures du soir, la division commandée par le général Gudin déboucha en colonne sur le centre de la position des Russes, et, soutenue par celle du général Ledru, enleva cette position après une heure de combat. Mais toute l'armée française eut à regretter le général Gudin, qui, dès le commencement de l'action, fut atteint à la cuisse d'un boulet de canon, qui termina par une mort glorieuse une vie pleine d'actions éclatantes.

L'ennemi ayant perdu dans ce combat huit généraux tués ou blessés, un autre fait prisonnier, et près de huit mille hommes morts, blessés ou prisonniers, s'enfuit avec tant de précipitation, que le lendemain notre cavalerie légère ne rencontra pas un seul Cosaque dans l'espace de huit lieues.

Pendant que notre centre enfonçait la grande armée russe sur notre gauche, le duc de Tarente continuait à détruire la place de Dunabourg sur la Dwina ; le maréchal Saint-Cyr prenait position sur la Drissa, sans que l'ennemi osât s'y opposer; le duc de Bellune, à la tête de trente mille hommes, marchait de Tilsitt sur Wilna ; et, entre l'Elbe et la Vistule, le duc de Castiglione commandait un autre corps destiné à marcher au premier signal. Sur notre droite, le prince de Schwartzenberg, à la tête des Autrichiens et des Saxons, poursuivait l'ennemi sur la route de Divin ; on l'obligeait à brûler ses bagages ; on lui prenait huit cents charriots qu'il n'avait pu emmener ni détruire.

Cependant, l'ennemi semblait vouloir tenir encore à Doroghoboni, et avait en conséquence fait quelques tranchées, et construit des batteries; mais, à la première approche de l'armée française, on le vit battre en retraite, et abandonner cette ville peuplée de dix mille ames, toujours fuyant devant nos troupes qui ne lui donnaient pas le temps de respirer. Le 27, voulant coucher sur la rivière de l'Osma, vis-à-vis du rivage de Riebké, prit position avec son arrière-garde; mais le roi de Naples s'y opposa, et après plusieurs charges, où les Français l'emportèrent toujours, un régiment de lanciers enfonça un bataillon ennemi. L'arrière-garde russe perdit ses positions, et chercha encore son salut dans la fuite. Le 29, notre avant-garde fit son entrée dans la ville de Viazma, quoique les ponts en fussent rompus par les Russes, qui s'y conduisirent à peu près comme à Smolensk. Ils en avaient brûlé les magasins et mis le feu aux plus belles maisons; ce qui obligea près de quinze mille de ses habitans à se réfugier dans les murs de Moscou.

Les Russes étaient poursuivis l'épée dans les reins; et bientôt le roi de Naples, à la tête de l'avant-garde, porta son quartier-général à deux lieues en avant de Ghjat : le vice-roi se place à deux lieues sur la gauche, et le prince Poniatowski à la même distance, sur la droite. Le centre s'avance au milieu de ces redoutables colonnes. A l'extrême gauche les

Prussiens, qui menacent Riga, repoussent l'ennemi dans toutes ses attaques, et le forcent à se renfermer dans cette ville dont ils avaient brûlé les faubourgs.

En Volhynie, le prince de Schwartzenberg poursuivait, au milieu des marais et par des chemins impraticables, l'armée russe, gagnait contre elle la bataille de Podubnie, s'emparait de Pinsk, et la poussait au delà du Bug.

Bataille de la Moscowa.

Enfin, on força l'armée russe à se présenter toute entière sur le champ de bataille. Le 5 septembre, à cinq heures du matin, la nôtre se mit en mouvement; et à deux heures après midi, on découvrit celle des Russes dont la droite s'étendait vers la Moskowa, et la gauche s'appuyait sur les hauteurs voisines de la rive gauche de la Kalogha. A douze cents toises en avant de cette gauche, neuf à dix mille hommes occupaient un beau mamelon fortifié entre deux bois. Il fallait enlever cette position sans délai ; et, en conséquence, le roi de Naples fut chargé de passer la Kalogha avec la division du général Compans et la cavalerie. Le prince Poniatowski, qui était arrivé par la droite, se trouva en mesure de tourner le mamelon. L'attaque commença à quatre heures, et, à cinq, la redoute était prise ; ses défenseurs étaient mis en déroute, après nous avoir laissé leurs canons, en environ trois mille hommes sur le champ de bataille : à sept heures, le feu avait cessé.

Le lendemain, les Russes avaient pris une position très-resserrée ; leur gauche devenue très-faible par la perte qu'ils avaient faite la veille, s'appuyait à un grand bois, et était soutenue par un fort beau mamelon couronné d'une redoute portant vingt-cinq pièces de canon. Deux autres mamelons, à cent pas l'un de l'autre, ayant aussi leurs redoutes et leurs canons, protégeaient sa ligne jusqu'à un grand village démoli dont le plateau était couvert d'artillerie et d'infanterie, et où son centre s'appuyait : sa droite se repliait derrière la Kalogha, en arrière de l'emplacement du village, et s'appuyait à deux autres mamelons avec redoutes et batteries : position très-belle et très-forte.

Le 7 septembre, vers les sept heures du matin, les maréchaux étaient avec leur chef sur le mamelon qu'on avait pris la veille. Le ciel était pur, le soleil se leva sans nuages ; on battit un ban, et on lut cet ordre du jour.

« Soldats,

« Voici la bataille que vous avez tant « désirée ! Désormais la victoire dépend « de vous ; elle nous est nécessaire ; elle « nous donnera l'abondance, de bons « quartiers d'hiver, et un prompt retour « dans notre patrie. Conduisez-vous com- « me à Austerlitz, à Friedland, à Wi- « tepsk, à Smolensk, et que la postérité « la plus reculée cite avec orgueil votre « conduite dans cette journée ; que l'on « dise de vous : *Ils étaient à cette grande « bataille sous les murs de Moscou.* »

L'armée française victorieuse, et animée par le sentiment de la gloire, répondit à cette proclamation comme elle avait fait à tant d'autres. Alors, le prince Poniatowski formant la droite, eut ordre de se mettre en mouvement et de tourner la forêt où s'appuyait la gauche de l'ennemi. La division Compans, que suivit le prince d'Eckmühl, marcha le long de cette même forêt. Deux batteries, ayant chacune soixante pièces de canon, dirigeaient leur feu sur la position de l'ennemi : celle de droite, commandée par le général comte Sorbier, commença l'attaque à six heures du matin. Le général Pernetti, avec trente pièces de canon, longeant le bois, tourna la tête de la position de l'ennemi. Dans cette circonstance, le brave Compans fut blessé, et le prince d'Eckmühl eut son cheval tué sous lui. L'attaque devenait sérieuse; on s'approchait de plus en plus, et la mousquetterie s'engageait. Notre gauche attaqua en même temps, et prit le village de Borodino. Il y avait plus d'une heure que la bataille avait commencé, quand le maréchal duc d'Elchingen s'ébranla, et se porta sur le centre de l'armée russe, sous la protection de soixante pièces de canon; alors, mille pièces d'artillerie vomissent la mort de part et d'autre. Les Français combattent avec cette ardeur qui leur est naturelle. Le succès répond à leur courage; et, à huit heures, l'ennemi est forcé de nous abandonner ses positions, malgré l'acharnement qu'il met à combattre. Nous enlevons ses redoutes, et notre artillerie est sur les mamelons; une partie de la sienne tombe en notre pouvoir, et le reste passe en arrière de ses lignes. Il veut reprendre ce qu'il vient de perdre, mais il est foudroyé de nouveau. Les Russes, consternés, nous cèdent les trois quarts du champ de bataille; et cependant le prince Poniatowski se battait, et se maintenait dans la forêt qu'il avait tournée.

L'ennemi avait encore les redoutes de sa droite. On y marche, on les attaque, on les enlève; mais l'ennemi, revenu avec des forces supérieures, en chasse à son tour le général Morand qui ne peut s'y maintenir. Encouragé par le succès, il fait avancer ses réserves, et fond sur notre centre sur lequel notre droite avait pivoté. Son impétuosité fait craindre un instant qu'il ne reprenne le village dont nous l'avons chassé ; mais ses colonnes sont arrêtées et écrasées par quatre-vingts pièces de canon conduites par la division du général Friand. Les Russes étonnés, mais sans être découragés, restent immobiles sous le feu de la mitraille, et paraissent désespérer de la victoire. Le roi de Naples, qui survient avec le quatrième corps de cavalerie, achève de leur ôter toute espérance. Il les fait charger par cette masse redoutable, qui pénètre par les brèches que le feu de nos canons a faites dans les bataillons russes, dans les escadrons de cuirassiers, et les force à lâcher pied de toutes parts. La charge exécutée par le général Caulincourt détermina la victoire. Il était deux heures après midi ; la bataille était finie, et si on entendait encore la canonnade, c'est que l'armée ennemie en retraite se battait pour sauver son arrière-garde.

La perte des Russes fut de quarante à cinquante mille hommes, et nous leur enlevâmes soixante pièces de canon. Nous perdîmes à peu près dix mille hommes, dont deux mille cinq cents restèrent morts sur le champ de bataille, et plusieurs généraux distingués par leurs talens et leur courage.

L'armée française entre à Moscou, et cette capitale est incendiée.

La bataille de la Moskowa ne fut pas plutôt gagnée, que notre armée se mit à poursuivre les Russes sur les trois routes différentes qui conduisent à Moscou. La terreur dont ils étaient frappés augmentait encore la célérité de leur fuite; et, pendant les sept jours de marche qui nous restaient à faire pour arriver à Moscou, aucun corps de l'armée ennemie ne nous opposa de résistance. Les Français y firent leur entrée le 14 septembre. Mais, quel spectacle horrible s'offrit à leurs regards! des tourbillons de flammes environnaient les tours des palais, dévoraient les temples, les maisons, et les hôpitaux même, où vingt mille blessés expirèrent dans cet incendie épouvantable. Le Kremlin seul en fut préservé par les troupes qui en formaient la garnison, et resta debout au milieu de cette vaste ruine. Les incendiaires tentèrent d'y porter la flamme, mais le canon des Français vomissant contre eux la mitraille, les eut bientôt dispersés.

Les magasins de Moscou étaient immenses, et cette ville était l'entrepôt de l'Asie et de l'Europe. Tous ses bâtimens regorgeaient de subsistances et de différens objets de commerce. Quelle affreuse catastrophe! ce n'est plus qu'un amas de cendres! Ses deux cents mille habitans, réduits au désespoir, ont pris la fuite à travers les bois, les déserts et les montagnes.

Cependant, l'armée française trouve

encore dans Moscou de grandes ressources; elle s'y repose de ses fatigues; et, au milieu de ses débris fumans, les caves où l'incendie n'a point pénétré lui fournissent des vins, des huiles, des vivres et des marchandises de toute espèce. On y trouva même plusieurs magasins intacts, qui procurèrent à nos soldats une grande quantité de ces fourrures si nécessaires contre la rigueur des hivers. De nouvelles recherches qu'on fit dans ces décombres ne furent pas infructueuses; car, outre plusieurs objets précieux, on y trouva une statue de la Vierge enrichie de diamans, que la reine avait donnée à la ville de Moscou, et tous les drapeaux que les Russes avaient enlevés aux Turcs dans les différentes guerres qu'ils eurent à soutenir.

Tandis que ces soins nous occupaient, l'ennemi, découragé, s'était réfugié entre Tula et Kalogha; il cherchait à rallier ses soldats dispersés par la frayeur, et observait avec inquiétude la direction de l'armée française, à laquelle il lui était impossible d'opposer la moindre résistance. Sa position était d'autant plus embarrassante, qu'il ne pouvait ni garder Toula, ni se résoudre à abandonner cette ville importante qui renferme dans ses murs la manufacture d'armes la plus immense de la Russie.

La garnison de Riga battue par le corps prussien.

L'ENNEMI ayant jeté vingt à trente mille hommes de renfort dans la ville de Riga, le gouverneur de cette place voulut surprendre le corps prussien qui, dispersé dans des marais impraticables, occupait en trois divisions un espace de douze lieues et plus. Le 26, les Russes marchèrent en force contre le général d'Yorck; celui-ci ayant fait sa jonction avec le colonel de Horn, se porta sur Eylau; mais à peine y fut-il que les Russes l'attaquèrent avec des forces supérieures, dans le dessein de s'emparer du parc d'artillerie qui devait servir au siége de Riga. Le général prussien se replia sur Banske, et marcha pour défendre le parc. Le 29, les Russes passèrent la rivière d'Aa, et le général d'Yorck, qui en fut instruit, envoya sur la rive gauche un fort détachement des troupes du général de Kleist, qui s'était joint à lui. Notre avant-garde commença l'attaque avec avantage, et le combat s'engagea avec plus d'acharnement. Les Russes, repoussés, et contraints de repasser la rivière, perdirent cinq cents prisonniers. Le lendemain, on les poursuivit sur les deux rives de l'Aa, et ils furent atteints près de Schlockhoff; on s'y battit, et leurs positions leur furent enlevées. Un seul régiment de hussards prussiens fit mettre bas les armes à un régiment de chasseurs et à un bataillon. Le 1er. octobre, l'ennemi fut encore repoussé, et profita de la nuit pour décamper, après avoir perdu presque tout son régiment de dragons, et la plus grande partie des

Cosaques de Finlande. Le 2, on le poursuivit encore, mais il se réfugia en toute hâte dans la ville de Riga, après avoir perdu en moins de six jours environ sept mille hommes tués, ou faits prisonniers.

L'armée française quitte Moscou, pour entrer en quartier d'hiver.

Après avoir passé un mois de cantonnement à Moscou et dans ses environs, elle quitta cette ville pour aller à cent lieues de là prendre des quartiers d'hiver plus commodes, plus riches, et mieux fournis de provisions ; elle avait en outre l'avantage de s'approcher de Pétersbourg, pour la campagne prochaine. La cavalerie ayant pris les devans, l'infanterie se mit en mouvement pour la suivre ; mais elle fut bientôt inquiétée dans sa marche par des hordes de Cosaques qui parurent sur ses flancs. Son avant-garde fut surprise à Winkovo par une de leurs bandes, de manière qu'ils pénétrèrent dans le camp avant que les cavaliers eussent monté à cheval. Ces Cosaques, sortis d'un bois situé près de l'avant-garde, nous enlevèrent douze pièces de canon, soixante-cinq voitures d'équipages, et environ cent prisonniers. Pendant ce temps là, la cavalerie russe et deux colonnes d'infanterie pénétraient par la trouée faite par les Cosaques, espérant gagner le bois et le défilé de Worosnovo, avant nos troupes; mais le roi de Naples, qui était là, vint avec sa cavalerie enfoncer celle des Russes en dix ou douze charges différentes. Il chargea également, et tailla en pièces une division de six bataillons ennemis que commandait le général Muller. Le prince Poniatowski repoussait en même temps une division ennemie qui l'avait attaqué.

Cependant, la ville de Moscou et le Kremlin étaient encore occupés par le duc de Trévise, où il avait été laissé avec une garnison devenue inutile, et qui affaiblissait l'armée. Pour garder cette place il aurait fallu y laisser vingt mille hommes; et Moscou n'était plus une position militaire, ce n'était qu'un cloaque mal-sain, qu'un amas de décombres, qui n'avait aucune importance politique Tous ses magasins ayant donc été découverts, Bonaparte fit miner le Kremlin, et, le 23 octobre, le duc de Trévise le fit sauter à deux heures du matin, après quoi il se mit en marche pour Véréja. L'arsenal, les casernes, les magasins, tout fut détruit; et cette antique citadelle qui s'éleva vers la fondation de la monarchie moscovite, n'offrit plus aux regards qu'un vaste amas de ruines.

A peine restait-il deux cents maisons en pierre, des quatre mille qu'elle renfermait avant son embrâsement; et des huit mille maisons de bois qu'elle avait, il n'y en eut que cinq cents qui échappèrent aux flammes. On compte deux mille villages, et autant de châteaux ou de maisons de campagne dans les environs de cette ville. On proposa non-seulement de faire brûler le reste de Moscou, mais encore de former quatre colonnes, chacune de deux mille hommes, et de leur faire incendier le pays vingt lieues à la ronde. Mais on se refusa à ces mesures, et on se contenta d'ordonner la destruction des citadelles et établissemens militaires, suivant les lois de la guerre, sans faire éprouver aucune perte aux particuliers, déjà trop malheureux par les désastres qui affligent leur pays.

Grand combat de Maloïaroslawetz.

Déja notre armée s'avançait victorieusement sur Véréja par un mouvement latéral, lorsque le vice-roi reçut ordre de marcher contre l'ennemi qui avait abandonné son camp retranché, et se disposait à occuper la petite ville de Maloïaroslawetz. Le même jour, à six heures du soir, la division Delzons arriva sur la rive gauche de la rivière qui passe dans cet endroit, s'empara du pont et le rétablit. La nuit suivante, deux divisions russes entrèrent dans la ville, et prirent une position très-avantageuse sur les hauteurs de la rive droite. Le lendemain 24, le combat s'engagea au lever du jour, et toute l'armée russe vint se placer derrière la ville. La position de l'ennemi fut vivement attaquée et vivement défendue. Il fit avancer les deux tiers de son armée pour la soutenir; mais la garde italienne, pleine d'ardeur et de courage, s'empara de la ville et des hauteurs. La retraite des Russes se fit avec tant de précipitation qu'ils jetèrent vingt pièces de canon dans la rivière. Le prince d'Eckmühl déboucha le même soir avec son corps, et toute notre armée fut rangée en bataille sur les hauteurs que les Russes occupaient le jour précédent.

Le quartier-général avait été porté la veille au village de Ghorodnia. Six mille Cosaques, qui s'étaient introduits dans les bois, vinrent, à sept heures du matin, se précipiter, en poussant de grands cris, sur les derrières de la position, et nous enlevèrent un parc de six pièces de canon; mais le duc d'Istrie s'étant porté contre eux avec toute la garde à cheval, ils furent taillés en pièces et jetés dans la rivière.

On leur reprit les canons qu'ils avaient enlevés, et plusieurs voitures qui leur appartenaient.

A Maloïaroslawetz, après avoir reconnu la position de l'ennemi, l'attaque fut ordonnée pour le lendemain; mais les Russes battirent en retraite dans la nuit, et furent poursuivis par le prince d'Eckmühl. Dans ce grand combat, où notre armée se couvrit de gloire, nous perdîmes quinze-cents hommes tués ou blessés, et les Russes en perdirent six à sept mille, parmi lesquels on trouva étendus sur le champ de bataille onze cents recrues en vestes grises, et qui n'avaient pas deux mois de service. Ainsi fut détruite l'ancienne infanterie russe, et cette armée n'eut plus de consistance que dans les nombreux renforts de Cosaques qui lui étaient venus des rives du Don.

Grands avantages remportés par les Français à Polotsk.

Le 18 octobre, les Russes débouchèrent

devant Polotsk, et sur quatre colonnes, à six heures du matin. Leur général déploya ses troupes, et profita de leur grande supériorité pour prendre de revers et sans aucun danger la position qu'il occupait sur la rive gauche de la Pelota. Sa première attaque se dirigea contre une batterie à barbette que le maréchal Saint-Cyr avait fait dresser dans une position avantageuse, et qu'il était très-important de conserver, pour ne pas ouvrir aux Russes le front de la ville, qui n'avait pour défense qu'une palanque non encore terminée, et qui était ouverte partout. Il y mit cependant quelques pièces qui ne furent pas inutiles. La batterie de la tuilerie fut prise et reprise trois ou quatre fois. Elle était défendue par le général Maison qui se fit, avec la huitième division qu'il commandait, un honneur infini dans la défense de ce front d'attaque.

Une autre colonne de l'ennemi vint se déployer devant le front de la sixième division, commandée par le général Legrand. Son attaque principale fut dirigée contre une batterie établie sur la rive gauche de la Pelota; il essaya trois ou quatre fois de s'en emparer, et fut repoussé toujours avec beaucoup de perte. Il n'avait pas encore osé attaquer le front de la rive droite de la Pelota; mais sur les quatre heures, les Russes, débouchant de la route de Seibet et de Riga, se portèrent en foule, et comme des furibonds, sur le flanc gauche de la ville, soutenus par la colonne qui débouchait de la route de Nevel. Saint-Cyr voulait laisser passer cette fougue; mais les Suisses et le troisième régiment de Croates se précipitèrent au-devant des Russes, et les combattirent avec autant d'ordre et de sang froid que de bravoure. Enfin on les amena sous les murs de la ville, où le carnage dura jusqu'à la nuit, après avoir commencé le matin sur tous les points de l'armée. Les Russes, malgré la supériorité du nombre, laissèrent la terre couverte de morts, et ne réussirent dans aucune de leurs attaques.

Mais le 19, à la pointe du jour, on les vit en mouvement sur la ligne, occupés à rectifier leur position, et formant un demi-cercle autour de celle des Français. Vers les dix heures du matin, on apprit que le général Corbineau avait devant lui cinq mille hommes d'infanterie et douze escadrons de cavalerie. Le maréchal s'empressa de prendre un régiment dans chacune des trois divisions du 2e. corps, de manière que l'ennemi, qui n'attendait que l'apparition de ces forces, ne s'aperçut pas de cette diminution des nôtres, ce qui l'aurait engagé à renouveler ses attaques. Vers midi, ces troupes défilant sur la hauteur derrière Polotsk, le général Wittgenstein vit bien ce qui décidait ce mouvement, mais il crut que c'était une réserve. Le commandement de ces troupes fut donné au général Amey, et furent jointes par le septième régiment de cuirassiers qui n'avait pas encore rencontré l'ennemi en remontant la Dwina. Le maréchal ordonna en même temps, qu'à l'entrée de la nuit, l'armée repasserait sur la rive gauche de ce fleuve. Vers la chûte du jour, où l'on commençait à retirer l'artillerie des ouvrages avancés, quelques imprudens mirent le feu aux barraques du général Legrand. L'incendie s'étant communiqué en un instant sur toute la ligne, le général ennemi acquit la certitude que notre armée se retirait. Espérant alors empêcher les mouvemens de notre artillerie, et mettre le feu à nos caissons, il fit feu de toutes ses batteries, et lança sur la ville une grande quantité d'obus et de projectiles incendiaires qui en brûlèrent une partie.

Cette canonnade et ce bombardement furent accompagnées d'une attaque générale. L'incendie de la ville faisait qu'on se voyait comme en plein jour. Cette attaque ne cessa que lorsque le dernier homme eut repassé sur la rive gauche de la Dwina. Mais, au milieu de toutes ces attaques et du tumulte que cause un incendie, toutes les troupes se conduisirent avec une bravoure extraordinaire, et la retraite se fit dans un ordre parfait. A minuit, toute l'artillerie était en sûreté, et, à deux heures et demie du matin, toute l'armée se trouvait sur la rive gauche du fleuve. Les deux régimens, qui avaient passé les premiers, allèrent aussitôt porter du renfort aux troupes du général Amey, qui avaient contenu l'ennemi dans les défilés voisins de Solenk, sans avoir été en vue du gros de l'armée russe. Une colonne d'environ sept cents Bavarois s'était réunie à ces troupes, et toutes ces forces, sous les ordres du général Merle, marchèrent à l'ennemi; et, l'ayant rencontré, le culbutèrent et le rejetèrent au delà de Bolonia, après lui avoir tué beaucoup de monde, et fait quinze cents prisonniers. Toutes les divisions de l'armée, tous les généraux se distinguèrent dans cette brillante affaire. Un bataillon du dix-neuvième régiment de ligne français croisa la baïonnette, et chargea : cette attaque eut un plein succès, et avant la nuit, l'ennemi fut rejeté à plus d'une lieue dans le défilé. Après cette expédition, le comte de Wrède prit sous ses ordres les 19e., 37e. et 124e. régimens d'infanterie, le 2e. régiment suisse, le

7e. de cuirassiers, la brigade du général Corbinau, et une colonne bavaroise peu forte en nombre, avec ordre de repousser, le 22 au matin, l'ennemi de l'autre côté de l'Outschatz. Après avoir divisé ce corps en trois colonnes, il prit le commandement de celle du centre, mit celle de gauche sous les ordres du général Amey, et donna celle de droite au général bavarois, baron de Stroth. A quatre heures du matin, les Russes attaquèrent dans le défilé la colonne du centre, au moment où elle allait commencer son attaque. Comme elle avait ordre de ne recevoir l'ennemi qu'avec la baïonnette, elle ne tarda pas à le repousser du défilé qui a trois lieues de longueur, en lui tuant un grand nombre de ses officiers, et lui faisant mille huit cents soldats prisonniers.

Le comte de Wrède déboucha du bois et fit attaquer le corps principal du général Stengel, qui occupait la rive gauche de Loutschatz avec une nombreuse cavalerie et une forte artillerie. Une demi-heure après, l'artillerie bavaroise fit taire celle de l'ennemi, et l'Outschatz fut passée à gué. Tout le corps russe aurait été détruit, si, dans ce moment, le général Amey eût descendu de Rudnia sur la rive gauche de cette rivière, afin de prendre l'ennemi par le flanc droit, comme il en avait reçu l'ordre. Le comte de Wrède poursuivit les vaincus sur la route de Disna, et sans doute il les aurait poussés plus loin si le maréchal Saint-Cyr, qui voulait attendre l'arrivée du neuvième corps, commandé par le duc de Bellune, ne lui avait envoyé l'ordre de revenir sur Polotsk.

Après la victoire de Maloïaroslawetz, l'armée française continua sa marche, et ne fut inquiétée que par quelques détachemens de Cosaques qui rodaient sur ses flancs comme des oiseaux de proie. Le 6 novembre elle avait fait plus de cinquante lieues, et son mouvement s'était exécuté avec le plus grand succès, par un temps sec et favorable à la santé du soldat; mais, ce jour-là même, le froid commença à se faire sentir avec beaucoup d'âpreté, et dès ce moment, plusieurs centaines de chevaux périrent chaque nuit au bivouac. Le froid avait commencé le 7; mais, du 14 au 16, le thermomètre marqua 16 et même 18 degrés de glace; température affreuse pour des troupes venues des climats méridionaux de l'Europe. Les chemins couverts de verglas devinrent impraticables. Les chevaux périrent chaque nuit et par milliers; plus de trente mille couvrirent, en peu de jours, les routes de leurs cadavres. Ainsi, l'armée se trouva sans artillerie et sans cavalerie; ses transports étaient sans attelage, et elle fut obligée de détruire elle-même une grande quantité de ses canons et de ses provisions de guerre et de bouche. Que cette armée, si belle huit jours auparavant, avait bien changé de face! Que pouvait-elle devenir? Sans cavalerie, elle ne pouvait éclairer sa marche, et tous les bois lui faisaient craindre des embuscades; sans artillerie, elle ne pouvait ni risquer de combattre, ni attendre l'ennemi de pied ferme. Il fallait qu'elle marchât pour n'être pas forcée à livrer bataille dans la détresse où elle se trouvait; et il fallait qu'elle occupât un certain espace, pour ne pas être tournée dans un pays infesté par les troupes légères de l'ennemi, et où il était si facile de s'égarer.

Cette difficulté, ces invincibles obstacles jetèrent l'armée française dans la situation la plus affreuse. Ceux dont la complexion n'était pas assez robuste, perdirent leur courage avec leurs forces, et leur imagination ne leur offrit que des images sinistres; mais ceux que la nature avait créés supérieurs à tous les évènemens, se faisaient une gloire de lutter contre des obstacles si difficiles à surmonter. Assaillis de tous côtés par un ciel rigoureux et par l'ennemi, ils conservèrent ce caractère tranquille, ce sang froid que d'autres perdent si facilement dans les dangers les plus ordinaires.

Les traces de l'affreuse calamité qui frappait l'armée française, semées sur les chemins, engagèrent l'ennemi à en profiter. Ses Cosaques, qui ne pouvaient plus être contenus par la cavalerie, envelop-paient toutes les colonnes, et, sembla-bles aux Arabes du désert, ils enlevaient les trains et les voitures qui s'écartaient. Ces hordes, qui ne sont pas capables d'enfoncer une compagnie de voltigeurs, se rendirent redoutables à la faveur des circonstances. L'ennemi, néanmoins, eut à se repentir de toutes les tentatives sérieuses par lesquelles il voulut arrêter le mouvement de l'armée. En vain il plaça douze mille hommes d'infanterie devant le vice-roi; il fut culbuté, et perdit un grand nombre de soldats.

Le duc d'Elchingen, qui avait fait sau-ter les murs de Smolensk, et qui com-mandait l'arrière-garde forte de trois mille hommes, fut cerné, et se trouva dans une position critique. Il s'en tira avec cette intrépidité dont il avait déjà donné tant de preuves. Après avoir tenu l'ennemi éloigné pendant toute la journée du 18, avec cette poignée d'hommes, et l'avoir constamment repoussé, il profita de la nuit pour faire un mouvement par le flanc droit, traversa le Boristhène, et trompa tous les calculs de l'ennemi. Le lendemain, l'armée passa le même fleuve à Orza; là, les Russes fatigués, et dont la perte avait été considérable, cessèrent leurs tentatives pour l'entamer.

Dès le 16, l'armée russe de Volhyuie, commandée par l'amiral Tchitschakhoff, s'était portée sur Minsk, après avoir laissé plusieurs de ses divisions aux prises avec celles du prince de Schwartzenberg, qui remporta sur elles un avantage signalé. Elle marcha sur Borisow, dans l'intention de couper l'armée française : le brave colonel Dombrowski défendit, avec trois mille hommes, le pont de cette ville; mais, forcé et contraint d'évacuer cette position, il laissa à l'ennemi toute liberté de passer la Bérésina, et de marcher sur Bobr, précédé de son avant-garde, sous les ordres du général Lambert. Le deuxième corps, commandé par le duc de Reggio, rencontra cette division à quatre lieues de Borisow, l'attaqua, la battit, lui fit deux mille prisonniers, lui prit six pièces de canon, cinq cents voitures de bagages, et la jeta sur la rive droite de la Bérésina. dont elle brûla le pont, large de trois cents toises. Dans ce combat, le quatrième régiment de cuirassiers, commandé par le général Berkheim, se couvrit de gloire par une charge qui fit beaucoup de mal à l'ennemi.

Cependant celui-ci occupait tous les passages de la Bérésina, large de quarante toises, et qui alors charriait des glaces. Ses bords, couverts de marais à une distance de près d'un quart de lieue, étaient un autre obstacle qui la rendait difficile à franchir. Le général russe avait placé ses quatre divisions dans différens débouchés où il présumait que l'armée française voudrait pénétrer. Le 26, à la pointe du jour, et en présence d'une division ennemie, on jeta deux ponts sur la rivière. Le duc de Reggio passa le premier, attaqua cette division, la mena tambour battant pendant deux heures, et la força de se retirer sur la tête du pont de Borisow. Dans cette occasion, le général Le Grand, officier du premier mérite, fut blessé grièvement. Cet avantage fut canse que l'armée passa la rivière sans obstacle dans les journées du 26 et du 27.

Le duc de Bellune, commandant le neuvième corps, avait reçu l'ordre de former l'arrière-garde du duc de Reggio, de suivre son mouvement, et de contenir en même temps l'armée russe de la Dwina, qui le suivait : la division du général Partonnaux faisait l'arrière-garde de ce corps. Le 27, à midi, le duc de Bellune arriva avec deux divisions au pont de Studzianca. La division Partonnaux partit à la nuit de Borisow. La dernière brigade de cette division, qui était chargée de brûler les ponts, partit à sept heures du soir, et arriva à sa destination entre dix et onze heures avant minuit. Elle cherche sa première brigade et son général de division, partis deux heures avant elle, et qu'elle n'a pas rencontrés dans sa route ; ses recherches sont vaines. On conçoit alors des inquiétudes. Tout ce qu'on peut savoir quelque temps après, c'est que cette première brigade, partie à cinq heures, s'est égarée à six, en prenant à droite, au lieu de prendre à gauche; qu'elle a fait deux ou trois lieues dans cette direction, et que, dans la nuit, transie de froid, elle s'est ralliée aux feux de l'ennemi, qu'elle a pris pour ceux de l'armée française. D'après ces données, on conjecture qu'elle a été entourée par l'ennemi, et enlevée. Par cette funeste méprise, l'armée française perdit deux mille hommes d'infanterie, trois cents chevaux et trois pièces de canon.

Le 28 au matin, toute l'armée ayant passé la Bérésina, le duc de Bellune fut chargé de garder la tête de pont sur la rive gauche; le duc de Reggio, et derrière lui l'armée, prirent position sur la rive droite. Borisow ayant été évacué, les armées de la Dwina et de Volhynie communiquèrent et concertèrent une attaque. Elles pouvaient former ensemble un nombre de plus de soixante-dix mille hommes. Le 28, à la pointe du jour, le duc de Reggio fut attaqué, et une demi-heure après, le duc de Bellune le fut sur la rive gauche. L'armée prit les armes. Le duc d'Elchingen se porta à la suite du duc de Reggio, et celui de Trévise se plaça derrière le duc d'Elchingen. Le combat devint vif; l'ennemi voulut déborder notre droite : le général Doumerc, qui commandait la cinquième division de cuirassiers, faisant partie du douzième corps resté sur la Dwina, ordonna une charge au quatrième et cinquième régimens de cette division, au moment où la légion de la Vistule, qui s'était engagée dans les bois, coupait le centre de l'ennemi, le perçait, le culbutait, et le mettait en déroute. Ces braves cuirassiers enfoncèrent successivement six carrés d'infanterie, et repoussèrent la cavalerie ennemie qui venait au secours de cette infanterie. Six mille prisonniers, deux drapeaux et six pièces de canon, furent le fruit de ce brillant combat. Sur la rive gauche, le maréchal duc de Bellune fit charger, avec beaucoup de vigueur, l'ennemi qui lui était opposé, le battit, lui fit cinq à six cents prisonniers, et le tint hors de la portée du canon du pont qu'il défendait. Le général Fournier s'y distingua par une belle charge de cavalerie.

Le lendemain de cette victoire, l'armée resta sur le champ de bataille pour continuer son mouvement vers ses quartiers d'hivers. Elle avait à choisir entre deux routes, celle de Minsk ou celle de Wilna. La première passe au milieu d'une forêt et de marais incultes, et l'armée aurait été dans l'impossibilité de s'y procurer des subsistances : la seconde, au contraire, passe à travers d'excellens pays ; le choix n'était pas douteux pour une armée sans cavalerie, presque dépourvue de munitions, horriblement fatiguée d'une marche de cinquante jours par le froid le plus rigoureux, et qui traînait à sa suite ses malades et ses blessés, échappés d'un si grand nombre de combats. Après quatre jours de marche, elle reçut enfin, le 3 décembre, les premiers secours des magasins de Wilna, où furent dirigés les blessés, ainsi que tout ce qui embarrassait l'armée.

Cette armée avait besoin de rétablir sa discipline, énervée par une marche aussi longue que pénible, de se refaire de ses fatigues, de remonter sa cavalerie presqu'anéantie par l'inclémence d'un hiver prématuré, de remplacer son artillerie, et de recomposer tout ce qui constituait son matériel. Bientôt les canons, les munitions arrivèrent, et plus de vingt mille chevaux rassemblés par les soins du général Bourcier, servirent aux premiers besoins de la cavalerie.

Ce serait un tableau aussi terrible que sublime pour la postérité, que celui d'une armée de cent mille hommes, surprise tout à coup à six cents lieues de ses frontières, par les rigueurs excessives d'un climat qui lui était inconnu, en présence d'un ennemi nombreux, brave, acharné, accoutumé à supporter toutes les privations, toutes les souffrances, et muni de tout ce qui lui manquait pour attaquer ou pour se défendre. Généraux, officiers, soldats, tout sans distinction fut soumis à cette horrible épreuve. Les uns perdent leurs chevaux, et ensuite leurs bagages : les Cosaques sortent de leurs embuscades, et dépouillent ceux que l'inclémence du ciel a épargnés ; nombre d'hommes isolés, d'ingénieurs-géographes qui levaient des plans, et d'officiers blessés qui marchaient sans précaution, lorsqu'ils ne pouvaient le faire avec le gros de l'armée, tombèrent entre les mains de ces farouches ennemis.

Pendant tous les mouvemens que l'armée était obligée de faire, soit pour se garantir des attaques de l'ennemi, soit pour éviter des routes qui lui auraient présenté peut-être des obstacles plus difficiles à surmonter que tous ceux qu'elle avait vaincus, généraux, officiers, soldats, tous se distinguèrent par leur zèle, leur patience, et leur dévouement à la cause de la patrie.

Enfin, dans cette épouvantable circonstance, on réunit les officiers auxquels il restait un cheval, pour en former quatre compagnies de cent cinquante hommes chacune; et dans l'escadron qui en pût être formé, les généraux faisaient les fonctions de capitaines, et les colonels celles de sous-officiers. Il y a peu d'exemples dans l'histoire d'un si grand, si vaste mouvement rétrograde, et dirigé avec plus de constance, de valeur et de sagesse. Le seul évènement militaire de ce genre que nous puissions lui comparer, c'est la retraite des dix mille Grecs sous la conduite de Xénophon : mais, quelle différence ! Cette phalange n'avait avec elle ni cavalerie, ni blessés, ni bagages; elle n'était point poursuivie dans sa marche, n'ayant que des passages à franchir, et à combattre que des peuples sans discipline, mal armés, et qui, n'ayant que de la cavalerie, pouvaient aisément être repoussés par cette masse redoutable couverte de fer, et armée de longues épées. Il est vrai que le froid et la faim furent deux ennemis qui vinrent l'assaillir, mais seulement par intervalle : le froid, lorsqu'elle traversait les montagnes; la faim, quand elle se trouvait dans un pays stérile ; ainsi, ce n'étaient que des fléaux momentanés qui disparaissaient souvent après deux ou trois jours de marche. Ici, c'est une armée de cent mille hommes, assaillie de tous côtés, dans une âpre région, et par un froid qui menace de faire périr les hommes après avoir détruit les chevaux, et par un ennemi fourni de tout ce qui lui manque à elle-même. Tous les militaires savent que, dans nos guerres modernes, une armée sans artillerie est un corps sans ame, et que tôt ou tard il faut qu'elle soit vaincue et détruite par celle qui traîne avec elle des pièces de canon. Qu'elle était donc critique la position de cette armée, qui pouvait être forcée à une bataille ! Si elle n'avait eu que quarante lieues à faire, le danger pour elle aurait été le même, et elle en a fait cent cinquante !

Il n'y a peut-être jamais eu de spectacle si frappant que celui de cette armée au milieu d'un pays ennemi, privée en huit jours de son artillerie, de ses transports, et de presque toute sa cavalerie par l'intensité du froid ; elle n'en poursuivait pas moins le cours de ses triomphes ; et les opérations finirent par une victoire éclatante qui dissipa toutes les craintes. Cela n'empêcha point les équipages de se mettre en route le 3 décembre. A peine furent-ils hors du village, qu'une nuée de Cosaques vinrent pour les attaquer ; et si on ne les eût fait rentrer, pour être sous la garde des troupes qui étaient encore armées, tout tombait au pouvoir de l'ennemi. Le vice-roi se préparait à partir, lorsqu'on lui annonça qu'on séjournerait à Molodetschino ; mais qu'il fallait évacuer le château où il était pour le céder à Napoléon qui allait arriver.

Ce repos fut d'autant plus précieux, que la faculté de se procurer quelques vivres, à force de recherches, faisait qu'on employait utilement le séjour accordé. Malgré cela, quantité de soldats expiraient dans les rues ; dans l'intérieur des maisons où les officiers étaient logés, on y trouvait la même désolation. L'un était malade de fatigue, et protestait qu'il n'irait pas plus loin; l'autre ayant les pieds gelés, et manquant de chevaux, quoique plein de courage, se voyait forcé de rester entre les mains des Russes. Les généraux même étaient exposés aux mêmes calamités; car plusieurs d'entre eux ayant perdu leurs domestiques ou leur voiture, ne trouvaient plus à les remplacer; et si, dans une telle occurrence, il leur survenait la plus légère indisposition, il fallait renoncer à la vie.

Ce fut le 22 juin que la campagne commença par le passage du Niémen. Dans la proclamation faite à cette occasion, Bonaparte semblait annoncer à la Russie son anéantissement par la phrase suivante: « La Russie est entraînée par la fatalité, « ses destins doivent s'accomplir. » Et se livrant, comme à son ordinaire, à de vaines déclamations, il fait préjuger d'avance, par ses fanfaronades, combien il est sûr de la victoire.

L'empereur de Russie, au contraire, conservant toujours ce ton de décence et de modération qui convient à la bonne cause, veut tenter, s'il est possible, des moyens de conciliation que lui dictent sa bonne foi et le bonheur de son peuple; mais, efforts inutiles. Bonaparte attaque subitement l'armée russe à Kowus, et déclare ainsi le premier la guerre. Il ne reste donc plus à Alexandre qu'à invoquer le Tout-Puissant, témoin et défenseur de la vérité, et à opposer ses forces à celles de l'ennemi. Bonaparte, plein de confiance dans son projet insensé, pénètre dans le cœur de la Russie, persuadé que tout doit fuir à son approche, ou implorer sa clémence; mais les Russes, révoltés d'une atrocité sans exemple, défendent vigoureusement leur territoire. Chaque avantage est pour Bonaparte une défaite; on l'attire, pas à pas, pour ainsi dire, afin de le mieux surprendre : cette ruse, loin de lui donner de la méfiance, ne sert au contraire qu'à le convaincre du succès de son entreprise, et, le 14 septembre, il entre dans Moscou livrée aux flammes par le comte de Rastopchin chargé de le défendre. Si, moins aveuglé par son ambition, il eût réfléchi un seul instant à la lettre ainsi conçue que le gouverneur avait laissée, après avoir mis le feu à son château :

« J'ai embelli pendant huit ans cette « campagne, et j'y ai vécu heureux au « sein de ma famille. Les habitans de cette « terre, au nombre de dix-sept cent « vingt mille, la quittent à votre approche, « et moi je mets le feu à ma maison pour « qu'elle ne soit pas souillée par votre « présence. Français ! je vous ai aban« donné mes deux maisons de Moscou, « avec un mobilier d'un demi-million de « roubles, etc., » il aurait vu qu'un gouvernement qui ne craint pas d'incendier la seconde capitale de son empire, était capable de tout pour s'opposer à une invasion que l'honneur réprouvait.

Quel spectacle présenta cette affreuse campagne de Moscou ! Elle est unique dans les fastes de l'histoire. L'armée de Cambyse ensevelie sous les sables de la Lybie, l'expédition de Darius contre les

Scytes, la défaite des légions de Varus, le désastre de Charles XII, n'offrent rien de comparable à ces scènes de désespoir et d'horreur qui ont laissé de si terribles souvenirs. Quel grand et déplorable spectacle que celui de l'agonie de quatre cents mille guerriers ! L'espace effrayant qu'ils avaient à franchir, et qui ne présentait à leurs regards que les débris des hameaux et des villes ; leur marche silencieuse au milieu des frimats, non pendant quelques jours, non pendant quelques semaines, mais pendant plus d'un mois, dont chaque minute était comptée, dont chaque seconde marquait une perte, une souffrance ; une armée de victimes, livrée aux horreurs de la faim, sans force pour combattre un ennemi furieux, jetant ses armes, abandonnant ses canons, se disputant les plus vils alimens, n'ayant qu'une pensée, celle de son retour, et qu'un aspect, celui de la mort. Voilà des traits qui manquaient à Tacite lorsque, nous ouvrant les forêts de Teutberg, il traça d'une manière si sublime la défaite des légions de Varus. Mais toute la force de son génie, toute la puissance de sa parole auraient-elles pu suffire, même pour esquisser de si effroyables tableaux? Est-il des expressions assez touchantes, assez énergiques pour faire sentir les angoisses de ces pâles guerriers, qui, sortant tout à coup de leurs rangs avec un rire convulsif, s'agitaient un instant, poussaient des cris étouffés, et tombaient au milieu de leurs compagnons qui passaient avec indifférence? L'égoïsme était devenu le plus grand de leurs maux; point de secours à espérer de cette foule d'hommes qui ne marchait que pour prolonger ses douleurs, qui ne s'arrêtait que pour mourir. Toutes les ames étaient abattues, tous les sentimens éteints, ou, pour mieux dire, le malheur était resté sans témoins, il n'y avait plus que des victimes. Cependant, que faisait Bonaparte au milieu de tant de calamités? Il abandonnait ses soldats, et parlait de ses victoires.

Mais, à l'heure où des bataillons entiers restaient immobiles et glacés au milieu des déserts, d'autres infortunés s'égaraient, isolés dans ces vastes solitudes. Heureux lorsque le hasard les faisait rencontrer ces longues lignes de morts qui attestaient le passage de l'armée! ils se guidaient par leurs traces sanglantes, et ne périssaient que lorsque cet horrible secours venait à leur manquer. Hélas! combien d'adieux ne furent pas entendus! combien de larmes ne furent pas essuyées! Bonaparte n'en versa point alors; lui seul avait commis le crime, lui seul ne connut pas la douleur.

Un de ces infortunés, délaissé de ses compagnons, fut long-temps errant dans les détours d'une forêt immense. Aucune habitation ne s'offrait à ses regards; s'il rencontrait un village, il était ruiné et désert; s'il rencontrait des hommes, ils étaient morts ou expirans; enfin, il aperçoit la fumée d'une cheminée : son cœur bat avec violence; mais ses pieds à moitié nuds refusent de le soutenir : il n'a plus que quelques pas à faire pour trouver du secours, et la force l'abandonne;

il voit le lieu de son salut, et il ne peut y atteindre : alors il pose un genou sur la terre, arrache les linges qui enveloppent ses pieds, et veut se réchauffer avec de la neige. Hélas! il ne s'aperçoit pas que le genou sur lequel il s'appuie, est déjà glacé. C'est vainement qu'il tente de se relever; pendant qu'il fait un dernier effort, sa main gelée s'attache à la terre, son visage découvert se glace; à peine il distingue quelques soldats qui passent à ses côtés, et dont il ne peut se faire entendre. Il est dans la marche de la congélation, un état de réaction qui n'a point encore été l'objet de l'étude des médecins, et qui mérite d'attirer toute leur attention. Au moment où la vie est sur le point de s'évanouir, où un sommeil irrésistible accable, ce sommeil est tout à coup troublé par un travail douloureux, par des inquiétudes pénibles qui raniment peu à peu les sens. Chaque organe semble faire des efforts prodigieux pour repousser l'agent destructeur qui le tue; et dans cette lutte opiniâtre, la vie s'use le plus souvent si elle n'est aidée par un secours étranger. Parvenu à cet état, notre infortuné se ranime légèrement, son sang circule, il ouvre les yeux, et aperçoit une femme qui accourt à sa voix ; elle le soutient, elle le traîne, elle l'encourage : ils arrivent aux portes de la chaumière, et le spectacle le plus déplorable s'offre encore à leurs regards. Seize soldats, semblables à des ombres, étaient immobiles autour de plusieurs arbres enflammés ; aucun ne se dérange, aucun ne tourne la tête au bruit. Ils ne se regardent pas même entre eux. En vain cette femme secourable leur crie qu'ils vont périr s'ils ne s'éloignent du feu ; ils ne voient et n'entendent rien. Leurs yeux sont fixés, leurs mains sont agitées de mouvemens convulsifs ; quinze minutes s'étaient à peine écoulées, et il n'en restait pas un seul vivant. A mesure que de nouveaux soldats arrivaient dans cette chaumière, on les voyait se précipiter vers le feu, s'asseoir silencieusement sur les cadavres de leurs camarades, et, saisis par le changement subit de la température, tomber morts à leurs côtés. La faim augmentait encore le nombre des victimes. Madame Aurore Bursay, arrachée de Moscou par Bonaparte, et se trouvant à deux journées de Krasnoc, obtint par une faveur singulière un paquet de farine de riz; mais le papier s'étant crevé, il s'en répandit quelques onces sur le cuir de la voiture. Tout à coup un homme se présenta pour recueillir cette pincée de farine; il la porta à sa bouche, et il expira au même instant auprès des roues de la voiture....

Mais, revenons à l'incendie d'une des premières cités du monde. Considérons le dévouement sublime de ses habitans, l'aspect d'une armée accablée de fatigues, qui, au lieu d'un séjour de repos, n'aperçoit qu'une immense plaine couverte de palais enflammés. Voyons, comme un affreux tableau, les soldats qui apparaissent chargés de dépouilles au milieu de cet océan de feu, un peuple entier errant, sans asile, sans pain, sans secours, dans des rues couvertes de cadavres. Non, jamais le ciel dans sa colère n'offrit aux hommes un spectacle plus effroyable ; et pour ajouter à son horreur, il suffit de se représenter Bonaparte aux fenêtres du Kremlin, suivant froidement de l'œil les progrès de l'incendie qui allait l'environner, et se décidant à fuir à l'aspect d'un danger qui ne l'eût pas fait frémir, s'il n'eût été à craindre pour lui.

On ne vit alors dans Moscou que des militaires furetant dans les avenues des maisons, forçant les portes, arrachant les habitans de leurs retraites, et parcourant les rues sans souliers, sans habits, ou travestis si bizarement, qu'ils n'avaient l'air de soldats que par leurs armes. Ce qui rendait le pillage plus affreux, c'était l'ordre méthodique avec lequel on l'accordait successivement à tous les corps de l'armée. Ces mêmes soldats qui venaient de se couvrir de gloire dans tant de combats, égarés par la misère et par leur chef suprême, ne faisaient plus à la hâte un métier défendu, ils exécutaient un ordre, ils remplissaient un devoir.

Pendant ce temps, Bonaparte était rentré dans le Kremlin, où il faisait faire de la musique par des chanteurs italiens.

De la musique au milieu d'un horrible incendie, des cris de désespoir d'une multitude errante ! qui pourrait retenir son indignation en lisant cet effroyable récit !

Mais enfin épouvanté par tant de désastres qui survinrent, et surtout par la crainte de perdre son autorité en France, il conçut le projet d'abandonner les misérables restes d'une armée détruite, pour courir auprès de son sénat lui en demander une nouvelle. Et par cette juste terreur qui poursuit le despotisme, il ne voyait devant lui que des alliés brûlant de rompre le parti onéreux qui les avait placés sous son joug de fer. Il partit donc avec trois personnes qu'il avait choisies pour l'accompagner dans sa fuite. Etant monté en voiture, il fit placer à sa gauche le général Desnouettes; le grand écuyer et le maréchal du palais entrèrent dans une seconde voiture, qui prit la route de

Wilna. Aucune adresse à l'armée, aucune promesse aux Lithuaniens ne furent faites pour rassurer les esprits inquiets, les uns de n'avoir plus de chef, les autres de se voir abandonnés par celui qui leur avait tout promis.

Sa présence avait maintenu les chefs dans leur devoir. Dès qu'on le sut parti, la plupart, à son exemple, ne furent plus retenus par la honte, et abandonnèrent sans pudeur les restes du régiment qui leur avait été confié. Jusqu'alors on avait trouvé, de distance en distance, quelques soldats armés, qui, conduits par leurs officiers, marchaient autour de l'étendard qu'ils avaient juré de ne jamais perdre de vue. Dès qu'ils se virent sans chefs, et que des calamités inouies eurent diminué leur nombre, ces braves, chargés d'un si précieux fardeau, se virent obligés, en gémissant, de cacher l'aigle dans leurs sacs. Plusieurs même se sentant mourir, et sachant que l'honneur du soldat français consiste à conserver ses drapeaux, d'une main débile creusaient la terre pour soustraire aux Russes ces enseignes sous lesquelles nos armes se sont élevées au faîte de la gloire.

La division Loison, et celle des Napolitains partie de Wilna pour assurer le passage de Napoléon, ayant été obligées de camper par un froid de vingt-deux degrés, elles se trouvèrent totalement détruites. De six mille hommes qu'elles avaient chacune, on ne voyait plus, au travers d'un brouillard épais, que quelques faibles bataillons qui, sur le chemin, couraient comme des insensés; ils frappaient la terre avec leurs pieds pour éviter d'être saisis par un temps si atroce : et les malheureux malades, pressés de satisfaire la nature, perdant l'usage de leurs mains, tombaient roides morts à côté de la route, sans avoir pu se rajuster. Ceux même qui se portaient bien, en marchant prolongeaint leurs douleurs; mais si, las de vivre, ils cherchaient à mourir, il leur suffisait de s'arrêter.

Les chemins offraient à chaque pas de braves officiers couverts de haillons, appuyés sur des bâtons de pin, les cheveux et la barbe hérissés de glaçons. Ces mêmes guerriers, naguère la terreur de nos ennemis, et vainqueurs des deux tiers de l'Europe, ayant perdu leur noble contenance, se traînaient à pas lents, et ne pouvaient obtenir un regard de pitié des soldats dont ils étaient jadis obéis. Situation d'autant plus déplorable, que quiconque n'avait pas la force de marcher était abandonné, et tout homme abandonné, une heure après, était un homme mort. Chaque bivouac présentait le lendemain l'image d'un champ de bataille. Toutes les fois qu'un soldat, succombant à la fatigue, venait à tomber, son plus proche voisin se précipitait sur lui, et avant qu'il fut expiré, il le dépouillait pour se couvrir de ses vêtemens.

Le 7 décembre, on arriva à Joupranoui, un peu avant la nuit. Les chefs et les soldats étant excédés de fatigue, il fallut s'y arrêter; les maisons ouvertes de toutes parts ne pouvaient les mettre à l'abri des rigueurs du temps. Couchés les uns sur les autres, souffrant la faim, transis de froid, on gémissait de l'inclémence des airs. On partit le 8 de grand matin, et vers les onze heures on arriva à Ochmiana. L'hiver était si rigoureux que les soldats, pour éviter d'être gelés, brûlaient des maisons entières; tout autour étaient les corps à moitié consumés de ceux qui, pour avoir voulu se chauffer de trop près, et n'ayant pas eu la force de fuir, devinrent la proie des flammes. On voyait aussi des infortunés noircis par la fumée et par le sang des chevaux qu'ils avaient dévorés, rôder, comme des spectres, autour de ces maisons incendiées; ils regardaient les cadavres de leurs compagnons, et puis venant à tomber, ils mouraient aussi de la même manière.

On comptait s'arrêter dans cette ville pour y recevoir quelques distributions; mais on apprit que les magistrats avaient été pillés par les Cosaques, et que la veille Napoléon était passé une demi-heure après que ceux-ci se furent retirés. La route fut alors continuée par un temps affreux. On marchait au milieu des morts et des mourans, et on parvint enfin au mauvais château en pierre de Rovno-Polé, où les chefs et l'état-major passèrent la nuit la plus pénible. Le malheur ayant égalisé les conditions, faisait que tout était confondu; en vain chacun réclamait son autorité, elle était méconnue; le colonel, qui n'avait point de vivre, était forcé de mendier un peu de galette au soldat qui en avait. Ainsi l'homme ayant des subsistances, eût-il été un domestique, était entouré d'une foule de courtisans qui, pour manger, mettait de côté leur rang et leur distinction; ils se familiarisaient même avec lui, et s'abaissaient jusqu'à le carresser. Enfin, pour avoir une idée de l'affreux désordre où la famine et le froid les avaient réduits, on peut se figurer quarante mille hommes qui restaient encore, tous de grades différens, et marchant tous ensemble, sans observer ni ordre, ni discipline; ignorant l'endroit où l'on alloit, ils s'arrêtaient selon la lassitude, ou selon leur caprice. Les chefs eux-mêmes, accoutumés à commander, et manquant d'industrie, étaient les plus malheureux; on les évitait pour se dispenser de leur rendre service; car dans une pareille circonstance, donner un verre d'eau à quelqu'un, lui tendre la main pour se relever, étaient des choses qui méritaient de la reconnaissance.

La route était couverte de soldats qui n'avaient plus de forme humaine, et que l'ennemi dédaignait de faire prisonniers. Chaque jour ces misérables nous rendaient témoins de quelques scènes pénibles à raconter. Les uns avaient perdu l'ouie, d'autres la parole, et beaucoup, par excès du froid et de la faim, étaient réduits à un état de stupidité frénétique qui leur faisait rôtir des cadavres pour les dévorer, ou bien on les voyait se ronger leurs mains et leurs bras. Il y en avait de si faibles que ne pouvant porter du bois, ni rouler une pierre, ils s'asseyaient sur les corps morts de leurs frères; et le visage décomposé, ils regardaient fixement quelques charbons allumés : bientôt les charbons venant à s'éteindre, ces spectres livides ne pouvant plus se relever, tombaient à côté de ceux sur lesquels ils étaient assis. On en voyait plusieurs, ayant l'esprit aliéné, qui, pour se réchauffer, venaient avec leurs pieds nus se placer au milieu des feux; les uns avec un rire convulsif se jetaient à travers les flammes, et périssaient en poussant des cris affreux, et faisant d'horribles contorsions, pendant que d'autres, également insensés, les suivaient et trouvaieut la même mort.

C'est dans cette situation affreuse que les débris d'une armée naguère si redoutable arrivèrent au village de Koukoni, où il n'existait plus que quelques mauvaises granges remplies de cadavres. N'étant qu'à trois lieues de Wilna, beaucoup continuèrent leur marche pour arriver les premiers dans cette ville où ils espéraient non-seulement trouver des vivres, mais encore s'arrêter quelques jours, et goûter enfin les douceurs du repos dont on avait si grand besoin. Néanmoins le quatrième corps, qui n'avait plus que deux cents hommes présens aux appels, s'arrêta dans ce mauvais village. Au point du jour (9 décembre) on se hâta de quitter Kokoni, où le froid et la fumée ne permirent pas de fermer l'œil. En partant, les Bavarois, faisant l'arrière-garde, accoururent tout effarés, en criant que l'ennemi était à leur poursuite. La veille, on avait répandu le bruit d'un succès remporté par eux. Le désordre dans lequel ils arrivèrent, démentit bien cette nouvelle. Malgré cela, on doit dire à leur louange qu'ils avaient encore quelques pièces de canon; mais les chevaux étaient si faibles qu'ils ne pouvaient plus les traîner.

Chaque journée de marche offrait la répétition des scènes douloureuses dont on n'a donné qu'une légère esquisse. Les cœurs s'étaient si bien endurcis à ces tableaux effrayans, qu'ils ne connaissaient plus la sensibilité. On ne pensait qu'à Wilna; et l'idée que la position de cette ville permettrait d'y respirer, causait tant de joie à ceux qui avaient l'espoir d'y arriver, qu'ils regardaient avec indifférence les malheureux qui, avant d'y entrer, luttaient contre la mort. Et cependant, Wilua allait être pour les Français un Smolensk.

Enfin, on toucha à ce faubourg tant désiré! Mais, de quelle amertume ce bonheur ne fut-il pas empoisonné, en voyant que toute la longueur de cet immense faubourg était obstruée par une grande quantité de voitures, d'hommes et de chevaux. Chacun craignait de s'y perdre en s'éloignant de quelque pas de la colonne; car, tandis que des masses se heurtant l'une contre l'autre, cherchaient à pénétrer par la même porte, il y avait à droite et à gauche d'autres issues où l'on pouvait entrer et sortir librement. Cette ville fut trouvée dans un désordre extrême. Les soldats, dispersés, coururent de tous côtés pour connaître les quartiers assignés à leurs corps; ceux du quatrième allant à la municipalité, virent écrit en gros caractères, qu'ils devaient se rendre au couvent de Saint-Raphaël, situé de l'autre côté de la Villia. Avant de se loger, on courait comme des affamés, et l'on allait de maison en maison pour demander à manger. Les boutiques, les auberges, les cafés, ne pouvant plus suffire à l'immense quantité d'acheteurs, dans un instant furent fermés ; mais la faim rendant les soldats obstinés à trouver de quoi vivre, les obligeait d'en enfoncer les portes, tandis que d'autres, l'argent à la main, poursuivaient les Juifs, qui, malgré la générosité des soldats, ne pouvaient satisfaire à l'étendue de leurs besoins.

A Wilna, on apprit que Napoléon était passé *incognito*, n'ayant, pour escorte, qu'un faible détachement de trois régimens entiers de cavalerie napolitaine, qu'on avait envoyés au-devant de lui pour assurer sa route. Ces pauvres habitans du midi étaient à demi-morts lorsqu'on les passa en revue ; à peine sortis de Wilna, il en revint un tiers en arrière, ayant les pieds, les mains et le nez gelés.

Vers les trois heures du soir, la queue de notre longue colonne était à peine entrée dans les faubourgs, qu'on répandit le bruit que les Cosaques s'étaient emparés des hauteurs qui dominaient la ville; en effet, on ne tarda pas à tirer du canon. A ce bruit, les troupes fraîches qui étaient dans Wilna battirent du tambour, sonnèrent de la trompette, et dans un instant la place devint une place d'armes. Il ne restait plus à la puissance colossale de Napoléon que les restes d'une division napolitaine, formée des garnisons de Tarente et de Capoue : ces troupes ayant été promptement dissipées, la terreur se répandit dans la ville, et au seul mot de Cosaques, tous les soldats sortirent de leurs logemens et prirent la fuite. Dans cette circonstance, le roi de Naples oubliant sa dignité, abandonna subitement son palais, et à pied, suivi de ses officiers, fendit la foule pour aller s'établir hors de la ville et sur la route de Kowno.

Pendant que quelques militaires couraient aux armes, les autres, aux approches de la nuit, profitèrent de l'évacuation des magasins pour emporter les effets d'équipement qui s'y trouvaient entassés; mais le plus grand nombre cherchant à manger, frappaient à chaque porte, et leurs coups redoublés avaient l'effrayant appareil du prélude d'un pillage. Les habitans, tremblant dans leurs maisons, en redoutaient les horreurs, et entendaient de tous côtés le bruit du canon qui grondait sur leurs têtes.

Alors, il fut décidé que vers les onze heures du soir on évacuerait la ville. A cette heure, on partit en silence, laissant les rues couvertes de soldats ivres, morts ou endormis. Les cours, les galeries, les escaliers des édifices en étaient remplis, et pas un ne voulait partir, ni se lever pour obéir aux ordres du chef qui l'appelait. Enfin, après être sortis de Wilna avec une difficulté égale à celle avec laquelle on y était entrée, le prince et l'état-major allèrent chez le roi de Naples, où tous les officiers demeurèrent entassés jusqu'à une heure du matin. Au milieu d'une nuit très-sombre (10 décembre), on s'achemina le long de la route de Kowno ; mais la neige qui couvrait la campagne faisait dévier à chaque instant, et laissa long-temps dans l'incertitude de savoir si on n'était pas égaré, car les Polonais allant à New-Troki, traçaient un nouveau chemin qui pouvait induire en erreur. Deux heures après, on arriva au bas d'un monticule inaccessible, à cause de son escarpement et du verglas dont il était couvert ; tout autour était le reste des équipages de Napoléon, les bagages laissés à Wilna, le trésor de l'armée, et les caissons contenant les funestes trophés apportés de Moscou. On ne douta plus alors d'avoir suivi la route de Kowno.

On était à gémir au pied de cette montagne sans pouvoir la gravir. Pendant ce temps, on entendait distinctement la fusillade qui s'engageait entre les Cosaques et les tirailleurs. Chacun criait qu'il eût bien mieux valu passer par New-Troki, afin d'éviter cette fatale hauteur, où, depuis plus d'une journée, aucune voiture n'avait pu passer. Tous ceux qui s'y trouvaient arrêtés, pour la plupart malades ou blessés, étaient autant de victimes livrées à l'ennemi; et dans leur douleur ils ne pouvaient se consoler d'échouer étant si près du port, surtout après s'être sauvés de Krasnoé et de la Bérézina! Cette douleur se changeait en désespoir, en songeant que les Cosaques ayant dépassé Wilna, poursuivaient notre arrière-garde et s'avançaient vers nous. Cependant, la nécessité imposait la dure obligation d'attendre jusqu'au jour, pour chercher s'il n'y aurait pas moyen de tourner la montagne que les chevaux ne pouvaient gravir. Dans cette attente on faisait du feu, et chacun, en soupirant, attendait impatiemment le retour de la lumière.

Ce fut en vain, on eut beau chercher sur tous les points, la hauteur était si glissante et les chevaux si fatigués, qu'on désespéra de la franchir; on conçut alors l'idée de faire porter, par les militaires de l'escorte, l'argent appartenant au trésor de l'armée. Comme il y en avait environ pour 5,000,000, dont la plus grande partie était en écus, il fallut recourir à tant de monde, que chacun de ces soldats profitant de la circonstance qui ne permettait pas de les surveiller, emporta pour son compte ce qui lui avait été confié. Les étendards arrachés à l'ennemi, auxquels ces ames vénales ne pouvaient plus s'intéresser, furent lâchement abandonnés au pied de la montagne, ainsi que la fameuse croix de St. Jwan, qu'il eût été si glorieux d'ajouter à nos trophées, si, depuis, les Russes, que nous appelons *barbares*, ne nous avaient donné le noble exemple d'une modération qui accompagne rarement la victoire.

Ceux qui vinrent ensuite augmentèrent le nombre des pillards, et, c'était une scène vraiment digne d'observation, de voir des hommes mourant de faim, quoiqu'accablés de plus de richesses qu'ils n'en pouvaient porter; aussi, les voyait-on se les distribuer entre eux avec indifférence, et chercher de préférence à l'argent les comestibles qui se trouvaient dans les voitures. Partout ce n'était que malles enfoncées, porte-manteaux entrouverts ; de superbes habits de cour et de riches fourrures étaient endossés par des soldats hideux, qui, sortant du pillage, offraient 60 francs d'un louis : il y en eut qui donnèrent dix écus pour un verre d'eau-de-vie. Enfin, un autre, pour quelques pièces d'or, offrait un baril rempli d'argent, et il fut acheté par un officier qui le plaça sur son traîneau.

On ne pourrait se former une idée de la déroute que présentait alors notre armée ; loin d'être ranimée par la présence de quelques bataillons venus de Prusse, elle imprimait à ces troupes nouvelles la terreur dont elle était frappée ; celles-ci ne sachant à qui obéir, jetèrent aussi leurs armes, et vinrent augmenter la foule des traînards. Enfin tous les soldats, transformés en brocanteurs, ne cherchaient qu'à vendre les effets volés, et ceux qui avaient pillé le trésor ne songeaient qu'à les acheter, pour pouvoir en retirer quelque bénéfice. Partout on n'entendait parler que de lingots ou de bijoux ; chaque soldat était chargé d'argent, mais aucun n'avait de fusil. Devait-on, d'après cela, s'étonner de l'effroi qu'inspiraient les Cosaques !

Ce fut dans cet état de démoralisation, qu'après quinze heures d'une marche pénible, on arriva enfin à Evé, distant de Wilna d'environ dix lieues. A peine y fut-on rendu, que l'on vit arriver le comte Méjan, soutenu par son fils et par un valet de chambre du prince Eugène. Ce père infortuné avait été forcé depuis la montagne de Wilna, de faire la route à pied, à travers des campagnes couvertes de neige; mais cet homme portait un si grand attachement au prince, qu'il oublia tous les maux de cette journée, du moment qu'il se retrouva auprès de Son Altesse.

De pareilles misères étaient communes à bien d'autres. On était très-inquiet sur le sort de plusieurs officiers restés avec les équipages du prince ; mais le soir, grâce à l'intelligence et à la prodigieuse activité de l'adjudant du palais Boutarel, ces traîneaux, pour éviter la montagne de Wilna, avaient pris la route de New-Troki, et que la seule longueur du chemin les avait obligés de rester en arrière d'Evé.

On apprit, le 11 décembre, en sortant de ce village, que les Russes y étaient entrés dès le point du jour. Un grand nombre de généraux, de colonels, d'officiers, et plus de vingt mille soldats, exténués de fatigues, devinrent leurs prisonniers. Les officiers, disait-on, furent assez bien traités; mais, quant aux soldats ou domestiques, ils furent renvoyés dans Moscou pour travailler à la reconstruire. Rien de si douloureux que de voir ces infortunés couchés dans les rues et dans les places publiques, sans feu, sans nourriture, dont les uns étaient blessés, et les autres malades. Les ennemis même furent touchés de leur sort, et voulurent en adoucir la rigueur. Ceux qui furent dépouillés par les Cosaques ne survécurent pas longtemps à leurs mauvais traitemens, car la mort les délivra de toutes leurs peines. Triste fragilité de la nature humaine ! Il ne restait plus qu'un court espace à parcourir pour arriver où le repos et l'abondance les attendaient, et ils manquèrent de courage, eux qui en avaient tant montré en se traînant depuis Moscou jusqu'à Wilna. Les Juifs, aussi, avaient fait main-basse sur plusieurs de nos soldats, et surtout sur ceux de la garde impériale, par un ressentiment marqué des outrages qu'ils en avaient reçus. Les Russes, plus équitables envers nous, firent pendre plusieurs de ces coquins, pour leur apprendre à ne point se mêler dans les querelles des rois.

Notre colonne était toujours poursuivie par une foule de Cosaques, qui dépouillaient nos traînards et tous ceux qu'ils pouvaient atteindre, et les donnaient en garde à des paysans qui les accablaient de mauvais traitemens. Ces Cosaques, las enfin de faire des prisonniers, relâchèrent tous ceux qui étaient de la confédération du Rhin, excepté les officiers de marque qu'ils emmenèrent avec eux ; mais ils ne faisaient grâce à aucun Français, qu'ils dépouillaient impitoyablement en l'accablant de leurs railleries. C'était lui qu'ils envoyaient, le soir, chercher du bois et de l'eau ; et quand le feu était allumé, ils le repoussaient avec inhumanité, et l'empêchaient d'approcher.

Nous allions entrer dans Zismori, quand on entendit le bruit du canon, ce qui fit présumer que la queue de notre arrière-garde était poursuivie sans relâche ; mais les nôtres étaient si fatigués, qu'ils préférèrent s'arrêter à Zismori, à mettre leurs personnes en sûreté.

Le 12 décembre, nos troupes accablées de lassitude arrivèrent enfin à Kowno, où s'étaient réunis tous les débris de chaque corps ; ils étaient campés dans les rues, et comme il nous était impossible de conserver aucune position, les magasins les mieux approvisionnés furent mis au pillage. On vit regorger de toutes parts les effets d'habillement, la farine et le rhum ; on enfonçait les tonneaux, et le vin, les liqueurs, formant différens ruisseaux, allaient se réunir sur la place publique, et y former une espèce de mare. Les soldats en burent à l'excès, et plus de deux mille soldats s'étant énivrés et endormis sur la neige, y furent trouvés morts.

On annonça, le soir, que le quatrième corps prendrait la route de Tilsitt; et, au milieu de la nuit, le chef d'état-major vint trouver ce même corps qui était renfermé dans une chambre, et lui annoncer que ce n'était plus à Tilsitt qu'on irait, mais à Gunbinenn. Rien ne fut plus funeste que ces ordres et ces contre-ordres; car, depuis ce moment, le quatrième corps n'exista plus que dans la maison du prince, et dans huit à dix officiers de l'état-major.

Le lendemain, 13 décembre, pour sortir de Kowno, la foule se pressait tumultueusement sur le pont, tandis que le Niémen, fortement gelé, aurait pu supporter le poids de l'artillerie, si nous en eussions eu. On vit dans Kowno et dans tous les environs un grand nombre de malheurux étendus sur la neige, qui venaient de succomber quand ils touchaient au terme de leurs travaux et de leurs privations. Ces calamités répandues sur l'armée avaient atteint la garde impériale dont plusieurs périssaient tous les jours de froid, de faim, ou de fatigue. Un vieux grenadier étendu sur le pont de Kowno, était épargné par la foule qui, passant à ses côtés, respectait son uniforme, sa croix et ses deux chevrons. Ce brave homme semblait attendre tranquillement la mort, et ne descendait point à de vaines prières, quand le hasard fit passer auprès de lui quelques-uns de ses camarades. A leur aspect, il essaya par un nouvel effort de se relever, et ne pouvant y parvenir, il rassembla tout ce qui lui restait de force, et dit à un de ses compagnons qui s'apprêtait à le secourir : « Cesse, ami, de me donner des soins « inutiles. Je meurs en regrettant d'avoir « été vaincu par des ennemis que nous ne « pouvions combattre : La famine et le « froid m'ont seuls réduits dans cet état.

« Reporte à mon capitaine cette décora-
« tion qui me fut donnée sur le champ de
« bataille d'Austerlitz : porte-lui aussi mon
« sabre ; je m'en servais à la bataille de
« Friedland ; et il serait encore fatal aux
« Russes, comme il le fut à cette époque,
« si le printemps, venant à renaître, nous
« permettait d'aller à Pétersbourg comme
« nous avons été à Moscou. »

Enfin le 13 décembre au matin, les restes de quatre cent mille guerriers qui qui avaient ouvert la campagne et franchis le Niémen, réduits à peine à vingt mille homme, le repassèrent. Quand ils furent sur l'autre rive du fleuve, pâles et défigurés, ils regardèrent en arrière d'eux, et virent en frémissant ces horribles contrées où ils avaient tant souffert.

En sortant du pont, le quatrième corps prit à gauche pour aller à Gunbinenn ; d'autres voulurent prendre à droite, disant, d'après l'ordre de la veille, que c'était sur Tilsitt qu'il fallait marcher. Ceux qui suivirent la première route, qui était la bonne, n'eurent pas plutôt fait quelques pas qu'il fallut gravir une montagne très-haute et très-escarpée, sur le sommet de laquelle nos équipages, si nous ne les eussions pas perdu, n'auraient jamais pu arriver. Mais nos fourgons et plusieurs voitures mis en dépôt à Kowno, avec un parc d'artillerie récemment arrivé de Kœnisberg, furent laissés au pied de la montagne.

A peine fut-on entré dans le duché de Varsovie que tous les débris de la colonne se dispersèrent, les uns à droite, les autres à gauche, et marchèrent en simples voyageurs dans ces mêmes pays qui, six mois auparavant, avaient été couverts de nos innombrables légions. Le roi de Naples et le prince s'arrêtèrent le soir à Skrauda; et le 14 décembre au matin, où nous abandonnâmes ce village, les Cosaques firent leur entrée dans Kowno, passèrent le Niémen, qui était fortement gelé, et couvrirent les vastes plaines de la Pologne, où ils massacrèrent ou firent prisonniers un grand nombre de nos soldats isolés qui se croyaient en sûreté, persuadés que les Russes ne passeraient point le Niémen.

De Skranda, plusieurs allèrent à Thorn; mais le vice-roi suivit toujours la route de Gumbinenn, et y arriva après avoir passé la nuit à Pissewizken, Tirballen et Darkehmen (13, 14, 15, 16 et 17 décembre); son aide-de-camp partit de là, par son ordre, pour diriger sur Marienwerder tous ceux du quatrième corps qui avaient pris la route de Tilsitt.

Kœnisberg fut bientôt encombrée de ceux qui, réchappés des plaines de Russie, croyaient trouver dans cette grande ville le repos qu'ils avaient tant désiré. Les cafés, les restaurateurs, les hôtels garnis, les cabarets, tout fut rempli de nos chefs et de nos soldats; et les maîtres de ces maisons ne pouvaient suffire à tous leurs besoins, à quelque prix que ce fût. A peine pouvait-on pénétrer dans les boutiques, tant la foule y abondait. Le froid était excessif, mais on pouvait s'en défendre. Le roi de Naples, qui vint aussi à Kœnisberg, ne fut pas des mieux reçus par les principales autorités de la ville. Partout le souvenir de notre valeur s'y faisaint encore admirer des habitans, au point qu'en traversant la Prusse même, nos ennemis respectèrent notre infortune, et malgré la haine qu'ils nous portaient craignirent d'insulter aux restes respectables d'une puissance colossale.

Ainsi se termina cette campagne mémorable dont la gloire, malgré son funeste succès, sera à jamais impérissable pour le nom français. Nos soldats y déployèrent ce courage et cette valeur qui commandent la victoire. Mais l'intempérie de la saison, l'imprévoyance d'un chef ambitieux rendirent vains les efforts multipliés de nos troupes, et anéantirent dans les déserts glacés de la Russie une armée qui s'était signalée par tant de hauts faits, et qui était digne d'un meilleur sort.

Lorsqu'une nation applaudit au courage des braves qui la défendent, et leur décerne les récompenses dues à leur éclatante valeur, quels doivent être ses regrets de les voir sacrifiés sans motif, et ce pour servir l'ambition démesurée de celui auquel elle a imprudemment confié ses destinées. Telle fut la position de la France après la funeste campagne de Moscou : chaque Français eut à regretter un père, un parent, un ami. Un deuil général couvrit d'un crèpe funèbre ce peuple si long-temps victorieux, lorsqu'il apprit les funestes résultats d'une guerre blâmée généralement dès son commencement, et lorsqu'il vit l'élite de ses guerriers anéantis dans les champs glacés de la Russie. O vous, mânes de tant d'illustres guerriers qui trouvèrent une mort glorieuse dans cette déplorable campagne ! que vos noms, transmis d'âge en âge à nos derniers neveux, leur rappellent vos faits éclatans, vos lauriers, vos victoires ; et instruits par notre exemple, qu'ils sachent enfin qu'un peuple ne peut être heureux que sous le gouvernement paternel de son légitime souverain.

FIN.

TABLE

DES MATIÈRES.

Pages.

FIN DE LA TABLE DES MATIÈRES.

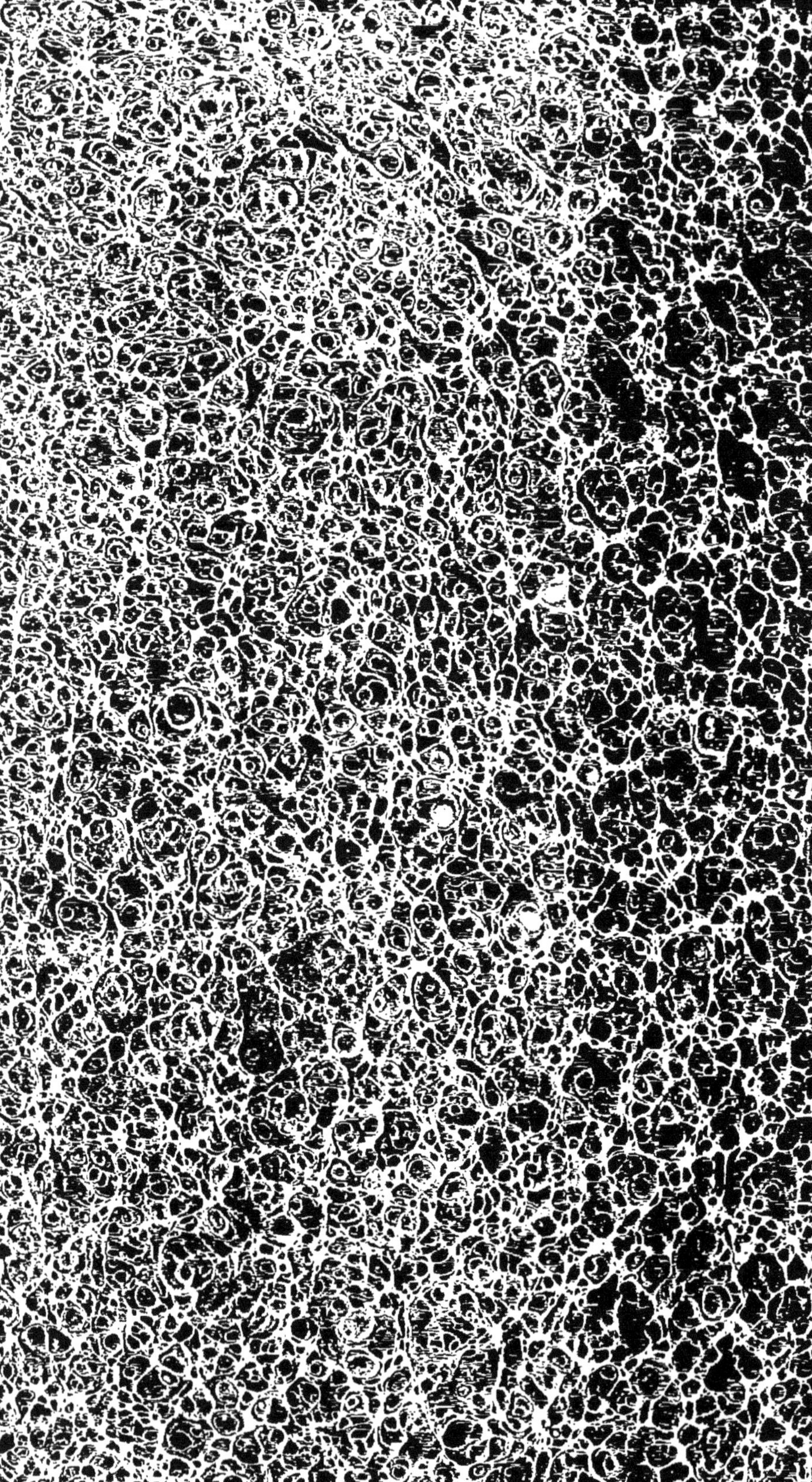

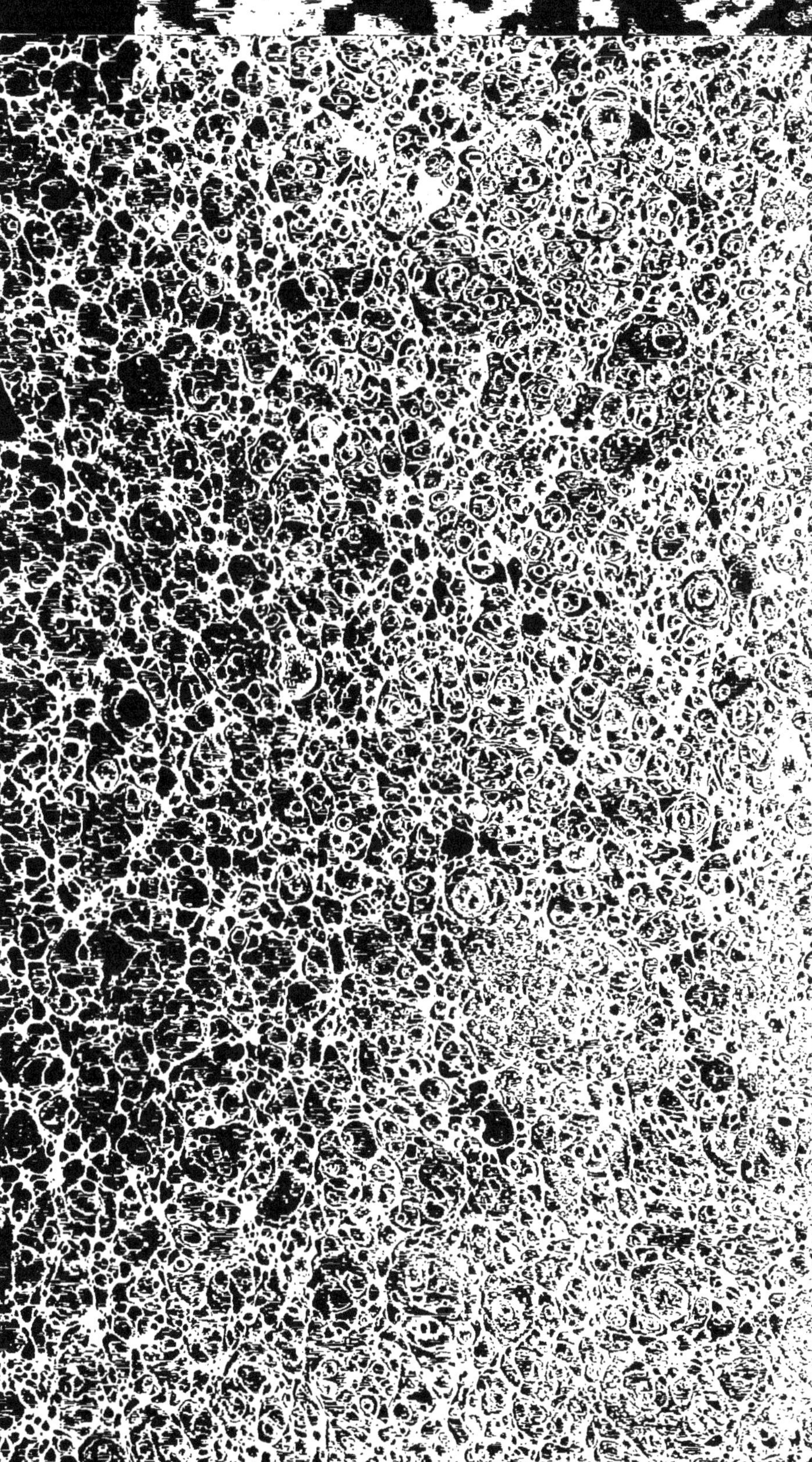

www.ingramcontent.com/pod-product-compliance
Ingram Content Group UK Ltd.
Pitfield, Milton Keynes, MK11 3LW, UK
UKHW020315230726
13925UKWH00002B/437

9 782013 261173